"Duitse Zinsstructuren"
Beginner tot Halfgevorderde
Gebaseerd op het populaire:
German Sentence Builders: A lexicogrammar approach

Antwoordenboek

Dit is het antwoordenboek voor "Duitse Zinsstructuren - Beginner - Halfgevorderde".

Het bevat antwoorden voor alle oefeningen en volgt exact de volgorde van het originele boek. Om dit boek gebruiksvriendelijker te maken, staat er aan het begin van elk onderdeel van een hoofdstuk een verwijzing naar de betreffende pagina in het originele werkboek.

We hopen dat je het met plezier zult gebruiken en dat je leerlingen met plezier met "Duitse Zinsstructuren" zullen werken.

Bedankt,

Gianfranco Conti, Dylan Viñales en Martin Ringenaldus

EERSTE EDITIE

Imprint: Onafhankelijk Gepubliceerd
Door Martin Ringenaldus

Inhoudsopgave

Hoofdstuk 1 - Vertellen over mijn leeftijd

Hoofdstuk 1. Vertellen over mijn leeftijd: WOORDENSCHAT OPBOUWEN **(Pagina 3)**

1. Combineer

ein Jahr – een jaar   **zwei Jahre** – twee jaar   **drei Jahre** – drie jaar   **vier Jahre** – vier jaar

fünf Jahre – vijf jaar   **sechs Jahre** – zes jaar   **sieben Jahre** – zeven jaar   **acht Jahre** – acht jaar

neun Jahre – negen jaar   **zehn Jahre** – tien jaar   **elf Jahre** – elf jaar   **zwölf Jahre** – twaalf jaar

2. Vul het ontbrekende woord in

a. Ich bin **vierzehn** Jahre alt.   b. Mein Bruder **heißt** Max.   c. Ich **heiße** Stefan.

d. Mein Bruder **ist** zwei.   e. Meine Schwester ist **vier**.   f. **Ich** heiße Anna.

3. Vertaal naar het Nederlands

a. Ik heet ...   b. Ik ben zes jaar oud.   c. Ik ben twaalf jaar oud.   d. Hij is veertien jaar oud.

e. Zij is acht jaar oud.   f. Hij heet   g. Mijn broer is   h. Mijn zus is   i. Zij heet

4. Broken words

a. ich b**in**   b. ich heiß**e**   c. meine Schwe**ster**   d. zw**ölf**   e. fünf**zehn**   f. **elf**   g. n**eun**   h. vier**zehn**   i. **acht**

5. Orden de mensen hieronder van oudste naar jongste zoals in het voorbeeld te zien is   **1, 2, 5, 8, 7, 3, 6, 4**

6. Schrijf voor elk paar mensen op wie van beide de oudste is, zoals te zien is in het voorbeeld
      A – A – A – B – A – B – A

Hoofdstuk 1. Vertellen over mijn leeftijd: LEZEN **(Pagina 4)**

1. Vind het Duits voor de volgende woorden in de tekst van Alex

a. ich wohne in   b. Das ist die Hauptstadt   c. Ich habe einen Bruder.   d. Ich bin zwölf Jahre alt.   e. Er heißt

f. von Deutschland.   g. er ist vierzehn Jahre alt.

2. Beantwoord deze vragen over Tim

a. In Bern.   b. Hij is tien jaar oud.   c. 2   d. Barbara is vijf jaar oud en Finn is negen jaar oud.

3. Vul onderstaande tabel in

Laura,   13 jaar,   Oostenrijk,   1 broer,   15 jaar

Tim,   10 jaar,   Zwitserland,   1 broer en 1 zus,   5 jaar en 9 jaar

Alex,   12 jaar,   Duitsland,   1 broer,   14 jaar

4. Luise, Marcel of Anna?

a. Anna   b. Luise   c. Marcel   d. Anna   e. Luise

Hoofdstuk 1. Vertellen over mijn leeftijd: VERTALEN **(Pagina 5)**

1. Slechte vertaling: vind en verbeter (in het Nederlands) alle vertaalfouten die je hieronder vindt

a. **Ik** heet Olivia   b. Ik heb twee **zussen**.   c. Mijn **zus** heet Petra.   d. Mijn **broer** is 5.   e. Ik ben **vijftien**.

f. Mijn broer is **acht**.   g. Ik heb geen **broers of zussen**.   h. ... maar ik heb een **oom**.   i. Ik ben **11** jaar oud.   j. **Hij** heet Jens.

2. Vertaal van Duits naar Nederlands

a. Mijn broer heet Jonas.   b. Ik ben vijftien jaar oud.   c. Mijn broer is zes jaar oud.   d. Mijn zus heet Annika.

e. Ik ben zeven jaar oud.   f. Ik woon in Berlijn.   g. Mijn zus is dertien jaar oud.   h. Ik heb een broer en een zus.

i. Ik heb geen zus.   j. Franzi is negen jaar oud.

3. Vertaal van Nederlands naar Duits

a. Ich heiße Max. Ich bin sieben Jahre alt.   b. Mein Bruder ist vierzehn.   c. Ich bin zwölf Jahre alt.

d. Meine Schwester heißt Julia.   e. Ich bin fünfzehn.   f. Ich habe einen Bruder und eine Schwester.

g. Ich heiße Miriam und ich bin dreizehn.   h. Ich habe keine Schwester, aber ich habe einen Bruder.

i. Ich heiße Sebastian. Ich bin zehn. Ich habe einen Bruder und eine Schwester.

THE LANGUAGE GYM

1. Vul de woorden aan

a. Ich heiße Max.   b. Ich bin vierzehn Jahre alt.   c. Ich habe einen Bruder.   d. Meine Schwester heißt Lisa.

e. Ich heiße Kathrin.   f. Mein Bruder heißt Niko.   g. Ich bin drei Jahre alt.   h. Meine Schwester heißt Miriam.

2. Schrijf de getallen in het Duits

a. negen – neun   b. tien – zehn   c. twaalf – zwölf   d. vijftien – fünfzehn   e. veertien – vierzehn   f. acht – acht

g. dertien – dreizehn   h. elf – elf

3. Vind en verbeter de spelfouten

a. Ich heiße Mark.   b. Ich bin dreizehn Jahre alt.   c. Mein Bruder ist fünf Jahre alt.   d. Meine Schwester heißt Birte.

e. Ich heiße Patrick.   f. Mein Bruder heißt Matthias.

4. Vul een passend woord in

a. Meine Schwester **heißt** Laura   b. **Mein** Bruder ist fünfzehn Jahre alt.   c. Ich **heiße** Timo.

d. Ich habe einen **Bruder/Freund/Cousin**.   e. Ich habe eine **Schwester/Freundin/Cousine**.

f. Sie **heißt** Andrea.   g. Mein Bruder ist neunzehn **Jahre** alt.

5. Geleid schrijven – Beschrijf elke persoon hieronder in een korte alinea in de eerste persoon enkelvoud ['ik']

Yildiz: Ich heiße Yildiz. Ich bin vierzehn Jahre alt. Ich wohne in Berlin. Das ist in Deutschland. Mein Bruder heißt Ahmed und er ist neun Jahre alt. Meine Schwester heißt Ellen und sie ist acht Jahre alt.

Simon: Ich heiße Simon. Ich bin fünfzehn Jahre alt. Ich wohne in Zürich. Das ist in der Schweiz. Mein Bruder heißt Alex und er ist dreizehn Jahre alt. Meine Schwester heißt Valentina und sie ist zehn Jahre alt.

Michael: Ich heiße Michael. Ich bin elf Jahre alt. Ich wohne in Innsbruck. Das ist in Österreich. Mein Bruder heißt Thomas und er ist sieben Jahre alt. Meine Schwester heißt Gerda und sie ist zwölf Jahre alt.

Eva: Ich heiße Eva. Ich bin zehn Jahre alt. Ich wohne in Bozen. Das ist in Südtirol. Mein Bruder heißt Antonio und er ist sechs Jahre alt. Meine Schwester heißt Chiara und sie ist ein Jahr alt.

6. Beschrijf deze persoon in de derde persoon:

Er heißt Lars. Er ist zwölf Jahre alt. Er wohnt in Hamburg. Sein Bruder heißt Tim und er ist zehn Jahre alt. Seine Schwester heißt Sarah und sie ist vierzehn Jahre alt.

Hoofdstuk 2 - Vertellen wanneer mijn verjaardag is

Hoofdstuk 2. Vertellen wanneer mijn verjaardag is: WOORDENSCHAT (Pagina 9)

1. Vul het ontbrekende woord in

a. Ich **heiße** Mia.   b. Meine **Freundin** heißt Anna.   c. **Mein** Freund heißt Paul.   d. mein **Geburtstag** ist

e. am **fünften** Juni   f. am **achtzehnten** März   g. am neunten **Juli**   h. **Sein/Ihr** Geburtstag ist am

2. Combineer

April – april   **Juli** – juli   **Dezember** – december   **Mai** – mei   **Januar** – januari   **Februar** – februari

mein Geburtstag – mijn verjaardag   **mein Freund** – mijn vriend   **meine Freundin** – mijn vriendin

ich heiße – ik heet   **er/sie heißt** – hij/zij heet

3. Vertaal naar het Nederlands

a. op 12 oktober   b. op 8 februari   c. op 19 juni   d. op 25 maart   e. op 11 augustus   f. op 17 december   g. op 30 mei

h. op 15 april

4. Vul de ontbrekende letter in

a. Geburtstag   b. März   c. Mai   d. Februar   e. April   f. Juni   g. Januar   h. August   i. Juli   j. November

k. Dezember   l. September

5. Gebroken woorden

a. am d**ritten** September   b. am fünften Juli   c. am **neunten** August   d. am dreißigsten Januar

e. am zwanzigsten Oktober   f. am neunzehnten Dezember   g. am sechzehnten April   h. am vierundzwanzigsten Mai

i. am zwölften März

6. Vul een passend woord in

a. Ich **heiße/bin** Hansi.   b. Mein **Geburtstag** ist am zweiten Mai.   c. Ich bin neun **Jahre** alt.

d. Meine **Schwester/Freundin** heißt Laura.   e. Laura **ist** zehn Jahre alt.   f. Ihr **Geburtstag** ist am dritten Juni.

g. Mein **Geburtstag** ist am ersten Juli.   h. Mein **Bruder/Freund** heißt Max.   i. **Sein** Geburtstag ist am vierten März.

j. Sein Geburtstag ist **am** ersten April.   k. **Ich** heiße Gerd Müller.

Hoofdstuk 2. Vertellen wanneer mijn verjaardag is: LEZEN (Pagina 10)

1. Vind het Duits voor de volgende woorden in de tekst van Ben

a. ich heiße   b. Ich bin zwölf Jahre alt.   c. ich komme aus Hamburg.   d. Mein Geburtstag ist   e. am zwölften

f. Sein Geburtstag ist   g. In meiner Freizeit   h. Meine Tante   i. heißt   j. Sie ist dreißig (Jahre alt.)

k. am einundzwanzigsten   l. Sie hat einen großen Bruder.   m. am siebten Januar

2. Beantwoord de volgende vragen over Lena's tekst

a. 7   b. In Leipzig   c. 5 november   d. Twee broers   e. Maik   f. 13   g. 5 januari

3. Vul de ontbrekende woorden in

Ich heiße Max. Ich **bin** elf **Jahre** alt und ich **komme** aus Köln. Mein **Geburtstag** ist am achtundzwanzigsten Mai. Mein Bruder **ist** zehn **Jahre** alt und sein Geburtstag ist **am** dritten April.

4. Vind iemand die ...

a. Lena   b. Julian   c. Jens   d. Ben   e. Lena   f. Anton   g. Julian   h. Anton   i. Ben

Hoofdstuk 2. Vertellen wanneer mijn verjaardag is: VERTALEN (Pagina 11)

1. Slechte vertaling: vind en verbeter (in het Nederlands) alle vertaalfouten die je hieronder vindt

a. ~~Zijn~~ **Mijn** verjaardag is op 26 mei   b. ~~Jouw naam is~~ **Ik** heet Laura en ~~jij komt~~ **ik kom** uit Zwitserland.

c. Ik ben 25 jaar oud.   d. ~~Ik~~ **Mijn vriend** heet Stefan en ~~ik kom~~ **hij komt** uit Keulen   e. Ik ben 35 jaar oud.

f. ~~Mijn~~ **Haar** verjaardag is op ~~veertien~~ **vier** april   g. Mijn vriendin Ute komt uit ~~Australië~~ Oostenrijk

2. Vertaal van Duits naar Nederlands

a. mijn verjaardag is   b. op vijf mei   c. mijn vriendin heet   d. haar verjaardag is   e. op 1 juni   f. op 14 februari

g. op 25 december   h. zijn verjaardag is   i. op 11 maart

3. Woordgroepen vertalen Nederlands - Duits

a. Ich heiße ...   b. Ich bin elf Jahre alt.   c. Mein Geburtstag ist ...   d. am siebten März   e. Meine Freundin heißt Maria.

f. Sie ist zwölf Jahre alt.   g. Ihr Geburtstag ist ...   h. am dreiundzwanzigsten Juni   i. am neunzehnten Mai

4. Zinnen vertalen Nederlands-Duits

a. Ich heiße Julia. Ich bin zwanzig Jahre alt. Ich wohne in Deutschland. Mein Geburtstag ist am fünften Juli.

b. Mein Bruder heißt Peter. Er ist siebzehn Jahre alt. Sein Geburtstag ist am ersten April.

c. Mein Freund heißt Luis. Er ist einundzwanzig Jahre alt und sein Geburtstag ist am zwölften Dezember.

d. Meine Freundin heißt Angela. Sie ist 19 Jahre alt und ihr Geburtstag ist am zweiundzwanzigsten Juni.

e. Mein Freund heißt Xaver. Er ist achtzehn Jahre alt. Sein Geburtstag ist am dritten Januar.

Hoofdstuk 2. Vertellen wanneer mijn verjaardag is: SCHRIJVEN (Pagina 12)

1. Vul de ontbrekende letters in

a. Ich heiße Luis.   b. Ich komme aus Frankfurt.   c. Mein Geburtstag ist am zweiten Mai.   d. Er ist dreizehn Jahre alt.

e. Meine Freundin heißt Johanna.   f. Johanna kommt aus Frankfurt.   g. Mein Freund kommt aus Köln.

h. Nico ist elf Jahre alt.

2. Vind en verbeter de spelfouten

a. Mein Geburtstag ist am vierten Januar.   b. Ich heiße Luis.   c. Ich komme aus Frankfurt.

d. Meine Freundin heißt Johanna.   e. Johanna ist fünfzehn Jahre alt.   f. Ich bin vierzehn Jahre alt.

g. Ich habe am ersten März Geburtstag.   h. Ich bin zwanzig Jahre alt.

3. Beantwoord de vragen in het Duits

a. Ich heiße (bv. Anna).   b. Ich bin (bv. dreizehn) Jahre alt.   c. Mein Geburtstag ist am (bv. elften April).

d. Mein Bruder/Meine Schwester ist (bijv. zehn) Jahre alt.   e. Sein/Ihr Geburtstag ist am (bv. fünfzehnten Mai).

4. Schrijf de data hieronder uit in woorden zoals in het voorbeeld

a. am fünfzehnten Mai   b. am elften Juli   c. am zwanzigsten April   d. am siebten Februar

e. am vierundzwanzigsten Dezember   f. am ersten Juni   g. am vierten Januar   h. am vierzehnten März

5. Geleid schrijven - Beschrijf elke persoon hieronder in een korte alinea in de eerste persoon enkelvoud ['ik']

Jana: Ich heiße Jana. Ich wohne in Wien. Ich bin fünfzehn Jahre alt. Mein Geburtstag ist am einundzwanzigsten Juli. Mein Bruder heißt Lukas und sein Geburtstag ist am dritten Februar.

Maik: Ich heiße Mike. Ich wohne in München. Ich bin elf Jahre alt. Mein Geburtstag ist am fünfundzwanzigsten Dezember. Mein Bruder heißt Philipp und sein Geburtstag ist am zwanzigsten August.

Clara: Ich heiße Clara. Ich wohne in Kiel. Ich bin zwölf Jahre alt. Mein Geburtstag ist am zweiten November. Mein Bruder heißt Martin und sein Geburtstag ist am vierten Juni.

Samuel: Ich heiße Samuel. Ich wohne in Bern. Ich bin siebzehn Jahre alt. Mein Geburtstag ist am ersten Januar. Mein Bruder heißt Leo und sein Geburtstag ist am dreizehnten Oktober.

6. Beschrijf deze persoon in de derde persoon:

Er heißt Toni. Er ist zwölf Jahre alt. Er wohnt in Salzburg. Sein Geburtstag ist am vierzehnten Februar. Sein Bruder heißt Roman und er ist fünfzehn Jahre alt. Sein Geburtstag ist am sechsten Dezember.

Hoofdstuk 3 - Haar en ogen beschrijven

Hoofdstuk 3. Haar en ogen beschrijven: WOORDENSCHAT   (Pagina 15)

1. Vul het ontbrekende woord in

a. Ich habe **braune** Haare.   b. Ich habe **blonde** Haare.   c. Ich trage einen **Bart**.   d. Ich habe blaue **Augen**.

e. Ich trage keine **Brille**.   f. Ich habe **mittellange** Haare.   g. Ich habe **dunkelbraune** Augen.   h. Ich habe rote **Haare**.

2. Combineer

ich habe – ik heb   **schwarze Haare** – zwart haar   **blonde Haare** – blond haar   **keine Haare** – geen haar

eine Brille – een bril   **einen Bart** – een baard   **blaue Augen** – blauwe ogen   **grüne Augen** – groene ogen

kurze Haare – kort haar   **ich trage** – ik draag   **rote Haare** – rood haar

3. Vertaal naar het Nederlands

a. krullend haar   b. blauwe ogen   c. Ik draag een bril.   d. Ik draag een baard.   e. groene ogen   f. rood haar

g. donkerbruine ogen   h. geen haar

4. Vul de ontbrekende letter in

a. lange   b. Brille   c. Haare   d. Bart   e. blaue   f. grüne   g. lockige   h. glatte   i. braune   j. mittellange   k. Augen

l. ich trage

5. Gebroken woorden

a. **Ich habe lockige Haare.**   b. **Ich trage eine Brille.**   c. **Ich habe kurze Haare.**   d. **Ich habe keinen Bart.**

e. **Ich habe braune Augen**   f. **Er hat einen Bart.**   g. **Ich bin acht Jahre alt.**   h. **Ich heiße Lena.**   i. **Ich trage keine Brille.**

6. Vul een passend woord in

a. Ich bin zehn **Jahre** alt.   b. Ich **trage** einen Bart.   c. Ich **heiße** Sascha.   d. Ich trage eine **Brille**.

e. Ich habe lange rote **Haare**.   f. Ich habe keinen **Bart**.   g. Ich **habe** braune Augen.

h. Ich habe **blonde/braune/schwarze** Haare.   i. Ich trage keine **Brille/Kontaktlinsen/Ohrringe**.

j. Ich trage **Ohrringe**.   k. Ich habe **braune/blaue/grüne** Augen.   l. Ich **bin** elf Jahre alt.

Hoofdstuk 3. Haar en ogen beschrijven: LEZEN   (Pagina 16)

1. Vind het Duits voor de volgende woorden in de tekst van Lisa

a. Ich heiße   b. ich wohne in   c. Ich trage eine Brille.   d. Mein Geburtstag ist   e. am neunten   f. Ich habe   g. lange Haare

h. blaue Augen   i. Sie ist

2. Beantwoord de volgende vragen over de tekst van Manuel

a. Hij is 15 jaar oud.   b. in Liechtenstein   c. rood   d. krullend   e. kort   f. blauw   g. 14 december

3. Vul de ontbrekende woorden in

Ich heiße Nils. Ich **bin** zehn Jahre alt und ich **wohne** in Bern. Das ist die **Hauptstadt** der Schweiz. Ich habe kurze, glatte blonde **Haare** und grüne **Augen**. Ich trage eine **Brille**. Mein **Geburtstag** ist am achten April.

4. Beantwoord de vragen hieronder over de vijf teksten

a. Aline   b. Aline   c. Aline   d. 6 personen   e. Manuel   f. Aline   g. Paul   h. Timo, de broer van Alex.

Hoofdstuk 3. Haar en ogen beschrijven: VERTALEN   (Pagina 17)

1. Slechte vertaling: vind en verbeter (in het Nederlands) alle vertaalfouten die je hieronder vindt

a. Ik heb ~~blond~~ zwart haar.   b. Hij heeft ~~bruine~~ groene ogen.   c. ~~Hij heeft~~ Ik heb een baard.   d. ~~Ik heet~~ Zij heet Maria.

e. ~~Ik heb~~ Hij heeft kort haar.   f. Ik heb ~~groene~~ bruine ogen.   g. ~~Hij komt uit~~ Ik woon in München.

2. Vertaal van Duits naar Nederlands

a. Ik heb bruin haar.   b. Ik heb groene ogen.   c. Hij heeft kort haar.   d. Zij draagt een bril.   e. Hij heeft zomersproeten.

f. Ik draag een bril ...   g. ... maar ik heb geen baard.   h. Ik heb lang blond haar.   i. Zij draagt oorbellen.

3. Woordgroepen vertalen Nederlands-Duits

a. blonde Haare   b. Ich heiße   c. Ich habe   d. blaue Augen   e. glatte Haare   f. Er hat   g. zehn Jahre alt

h. Ich habe grüne Augen.   i. lange lockige Haare   j. Sie hat braune Augen.   k. schwarze Haare

4. Zinnen vertalen Nederlands-Duits

a. Ich heiße Ben. Ich bin neun Jahre alt. Ich habe lange braune Haare und blaue Augen.

b. Ich bin zwölf Jahre alt. Ich habe grüne Augen und kurze, glatte blonde Haare.

c. Ich heiße Lena. Ich wohne in München. Ich habe lange, blonde Haare und braune Augen.

d. Ich heiße Johannes. Ich wohne in Hamburg. Ich habe kurze, wellige schwarze Haare.

e. Ich bin dreizehn Jahre alt. Ich habe mittellange rote Haare und blaue Augen.

f. Ich bin fünfzehn Jahre alt. Ich habe lange, lockige schwarze Haare und braune Augen.

Hoofdstuk 3. Haar en ogen beschrijven: SCHRIJVEN   (Pagina 18)

1. Gesplitste zinnen

a. Ich habe kurze **Augen**.   b. Ich trage eine **Brille**.   c. Ich habe blaue **Augen**.   d. Ich bin zehn **Jahre alt**.

e. Ich wohne **in Köln**.   f. Ich heiße **Jonas**   g. Mein Geburtstag ist **am ersten Mai**.

2. Schrijf de woorden van de zinnen in de goede volgorde

a. Ich habe schwarze Haare.   b. Ich habe keinen Bart.   c. Ich heiße Max.   d. Ich habe rote Haare.

e. Mein Bruder hat braune Augen.   f. Meine Schwester hat blonde Haare.

3. Vind en verbeter de grammaticale fouten en de spelfouten

a. Ich habe schwar**z**e Haare.   b. Mein Bruder heiß**t** Max.   c. Er hat braune Haare.   d. **Sie** heiß**t** Maria.

e. Ich **bin** vierzehn Jahre alt.   f. Ich habe glatte Ha**a**re.   g. Ich habe gr**ü**ne Augen.   h. Ich trag**e** keine Brille.

i. Er trägt eine Brille.   j. Ich habe keine**n** Bart.

4. Anagrammen

a. Haare   b. Bart   c. Augen   d. Jahre   e. schwarze   f. lange   g. rote   h. Brille

5. Geleid schrijven – Beschrijf elke persoon hieronder in een korte alinea in de eerste persoon enkelvoud ['ik']

Alex: Ich heiße Alex. Ich bin zwölf Jahre alt. Ich wohne in Berlin. Das ist die Hauptstadt von Deutschland. Ich habe lange, wellige braune Haare und grüne Augen. Ich trage eine Brille aber keinen Bart.

Tina: Ich heiße Tina. Ich bin elf Jahre alt. Ich wohne in Wien. Das ist die Hauptstadt von Österreich. Ich habe kurze, glatte rote Haare und blaue Augen. Ich trage keine Brille und ich habe keinen Bart.

Chris: Ich heiße Chris. Ich bin fünfzehn Jahre alt. Ich wohne in Bern. Das ist die Hauptstadt der Schweiz. Ich habe mittellange, wellige braune Haare und braune Augen. Ich trage eine Brille und ich habe einen Bart.

6. Beschrijf deze persoon in de derde persoon:

Er heißt Martin. Er ist fünfzehn Jahre alt. Er hat kurze, wellige braune Haare und blaue Augen. Er trägt keine Brille, aber er hat einen Bart.

THE LANGUAGE GYM   7

Hoofdstuk 4 - Vertellen waar ik woon

Hoofdstuk 4. Vertellen waar ik woon: WOORDENSCHAT (Pagina 21)

1. Vul het ontbrekende woord in

a. Ich komme **aus** Berlin.   b. Ich wohne in einem **schönen** Haus.   c. Ich mag meine **Wohnung**.

d. Ich **wohne** an der Küste.   e. Ich wohne in einem alten **Haus**, ...   f. ... im **Süden** von Österreich.

g. Ich wohne in einem **hässlichen** Haus.   h. Ich wohne am **Stadtrand**.

2. Combineer

in den Bergen – in de bergen   **Wohnung** – appartement   **groß** – groot   **Gebäude** – gebouw   **ich komme aus** – ik kom uit

alt – oud   **an der Küste** – aan de kust   **schön** – mooi   **hässlich** – lelijk   **klein** – klein.   **ich wohne in** – ik woon in

3. Vertaal naar het Nederlands

a. Ik kom uit Zwitserland.   b. Ik woon in een huis.   c. Mijn appartement is klein.   d. in een klein appartement

e. in een oud gebouw.   f. Ik kom uit München.   g. Ik woon in het stadscentrum.   h. Dat is in het noorden van Duitsland.

4. Vul de missende letter in

a. Hamburg   b. Vaduz   c. Innsbruck   d. Luzern   e. Zürich   f. Wien   g. Berlin   h. München   i. Österreich   j. Leipzig

5. Gebroken woorden

a. Ich **wohne** im Norden von Deutschland.   b. **Ich wohne** in einem alten Haus.   c. Das ist die Hauptstadt der Schweiz.

d. **Ich wohne** in einer Wohnung am Stadtrand.   e. **Ich wohne** in einer kleinen aber schönen Wohnung.

f. Das ist im Westen von Deutschland.   g. Ich komme aus Zürich.

6. Vul een passend woord in

a. Ich komme **aus** Frankfurt.   b. Ich **wohne** in einer schönen Wohnung.   c. Ich wohne in **einem** alten Haus.

d. Ich wohne im **Zentrum** von Köln.   e. Das ist im **Norden/Süden/Osten/Westen** von Deutschland.

f. Ich wohne in einer kleinen **Wohnung**.   g. Ich wohne in einem Haus am **Stadtrand**.

h. Ich wohne auf dem **Land**.   i. Linz ist im Nordosten von **Österreich**.   j. Zürich ist im Norden der **Schweiz**.

Hoofdstuk 4. "Topografie toets": Combineer de nummers en de steden (Pagina 22)

Duitsland: 1 – Frankfurt   2 – München   3 – Berlin   4 – Leipzig   5 – Hamburg   6 – Köln   7 – Stuttgart

Zwitserland: 1 – Zürich   2 – Bern   3 – Basel   4 – Luzern

Oostenrijk: 1 – Innsbruck   2 – Wien   3 – Salzburg   4 – Graz   5 – Linz

Hoofdstuk 4. Vertellen waar ik woon en vandaan kom: LEZEN (Pagina 23)

1. Vind het Duits voor de volgende woorden in de tekst van Kathi

a. Ich heiße   b. Ich bin zweiundzwanzig Jahre alt.   c. ich wohne   d. in einer großen Wohnung   e. am Stadtrand

f. am dritten Juni   g. Ich habe einen Hund.   h. Er ist sehr groß.   i. er ist drei Jahre alt.   j. Ich habe auch eine Spinne.

k. klein, aber gefährlich

2. Vul onderstaande beweringen in met behulp van de tekst van Christian

a. Ik ben 21 jaar oud.   b. Mijn verjaardag is op **8 augustus**.   c. Ik woon in een **mooi** huis.

d. Mijn huis is in het **centrum** van de stad.   e. Ik vind Lars niet leuk, maar Michael is erg aardig.

f. Mijn vriend Max **woont** in Graz.   g. Hij woont in een oud gebouw.

3. Beantwoord de vragen over de 4 teksten hierboven

a. 15   b. Omdat ze een tweeling zijn   c. Marina   d. Christian   e. Stefanie   f. Christian   g. Kathi

h. Omdat ze maar één keer hoeft te feesten.

4. Verbeter alle onderstaande incorrecte beweringen [over de tekst van Stefanie]

a. Stefanie wohnt in Hamburg, **im Norden** von Deutschland.   b. In ihrer Familie gibt es **vier** Personen.

c. Ihr Geburtstag ist im **Mai**.   d. Amelies Geburtstag ist am **dreißigsten** März.

e. Stefanie wohnt in einem großen **und schönen** Haus am Stadtrand.   f. Sie mag das Haus **sehr**.

Hoofdstuk 4. Vertellen waar ik woon en vandaan kom: VERTALEN/SCHRIJVEN   (Pagina 24)

1. Vertaal naar het Nederlands

a. ik woon b. in een huis c. in een klein appartement d. ik kom uit e. groot f. in een oud gebouw g. oud

h. mijn vriend Max woont i. in het stadscentrum j. in de buitenwijken k. aan de kust l. hij komt uit m. in Keulen

n. in het noorden van

2. Zinnen met gaten

a. Ich wohne in einer großen **Wohnung**...   b. ... in einem neuen **Gebäude**.   c. Ich wohne in einem kleinen **Haus**...

d. ... im **Norden** von München.   e. Ich **komme aus** Berlin, das ist die Hauptstadt von Deutschland.

3. Vul telkens een passend woord in

a. Ich wohne in **Wien**, das ist die Hauptstadt von Österreich.   b. Ich komme aus München, im **Süden** von Deutschland.

c. Ich wohne in einem schönen **Haus/Gebäude** an der **Küste**.   d. Mein Freund wohnt in einer **schönen** Wohnung.

e. Er kommt aus **Basel**, das ist im **Norden** der Schweiz   f. Ich wohne in einem modernen **Gebäude/Haus** im Stadtzentrum.

4. Zinsdelen vertalen Nederlands-Duits

a. ich wohne b. ich komme aus c. in einem Haus d. in einer schönen Wohnung e. in einem hässlichen Haus

f. in einem alten Haus g. in einem modernen Gebäude h. im Stadtzentrum i. am Stadtrand j. an der Küste

k. in der Schweiz

5. Zinnen vertalen Nederlands-Duits

a. Ich komme aus Köln. Das ist im Westen von Deutschland. Ich wohne in einem schönen und großen Haus am Stadtrand.

b. Ich komme aus Bern. Das ist die Hauptstadt der Schweiz. Ich wohne in einer kleinen und hässlichen Wohnung im Stadtzentrum.

c. Ich komme aus Innsbruck. Das ist im Westen von Österreich. Ich wohne in einer Wohnung in einem neuen Gebäude im Stadtzentrum. Meine Wohnung ist groß aber hässlich.

d. Ich komme aus München. Das ist im Süden von Deutschland. Ich wohne in einem großen und modernen Haus am Stadtrand. Ich mag es sehr.

Hoofdstuk 4. Vertellen waar ik woon en vandaan kom: SCHRIJVEN   (Pagina 25)

1. Vul de ontbrekende letters in

a. Ich heiße Manuel. b. Ich wohne in einer kleinen Wohnung. c. Ich wohne in einem großen Haus.

d. Ich komme aus Deutschland. e. Das ist im Nordosten von Österreich. f. Er kommt aus Zürich in der Schweiz.

g. Ich wohne in einem alten Gebäude. h. Das ist die Hauptstadt der Schweiz.

2. Vind en verbeter de spelfouten

a. Ich komme aus Köln. b. Ich wohne in einer kleinen Wohnung. c. Ich wohne in einem hässlichen Haus.

d. Ich wohne in einem modernen Gebäude. e. Ich wohne am Stadtrand. f. Ich wohne im Norden von Deutschland.

g. Ich komme aus der Schweiz. h. Sie kommt aus München.

3. Beantwoord de vragen in het Duits

a. Ich heiße (bv.) Max. b. Ich bin (bv.) dreizehn Jahre alt. c. Mein Geburtstag ist (bv.) am elften April.

d. Ich komme aus (bv.) Berlin. e. Ich wohne in (bv.) München. f. Ich wohne in einem Haus/einer Wohnung.

4. Anagrammen (steden in Duitstalige landen)

a. Köln b. München c. Graz d. Luzern e. Hamburg f. Bern g. Wien h. Stuttgart i. Innsbruck j. Zürich

5. Geleid schrijven – Beschrijf elke persoon hieronder in een korte alinea in de eerste persoon enkelvoud ['ik']

Tina: Ich heiße Tina und ich bin vierzehn Jahre alt. Mein Geburtstag ist am achtzehnten Juni. Ich wohne in Bern in der Schweiz.

Jonas: Ich heiße Jonas und ich bin elf Jahre alt. Mein Geburtstag ist am zwanzigsten Oktober. Ich wohne in Stuttgart, in Deutschland.

Paul: Ich heiße Paul und ich bin fünfzehn Jahre alt. Mein Geburtstag ist am siebten Februar. Ich wohne in Innsbruck in Österreich.

Luzi: Ich heiße Luzi und ich bin zwölf Jahre alt. Mein Geburtstag ist am fünfzehnten Januar. Ich wohne in Leipzig in Deutschland.

Stefanie: Ich heiße Stefanie und ich bin dreizehn Jahre alt. Mein Geburtstag ist am dreißigsten November. Ich wohne in Wien in Österreich.

6. Beschrijf deze persoon in de derde persoon:

Er heißt Florian und er ist sechzehn Jahre alt. Sein Geburtstag ist am vierten November. Ich komme aus Hamburg, das ist (im Norden von) Deutschland. Ich wohne in Luzern, das ist in der Schweiz.

Hoofdstuk 4a. Vertellen over het weer: WOORDENSCHAT OPBOUWEN (Pagina 27)

1. Combineer

bedeckt – zwaar bewolkt **warm** – warm **furchtbar** – verschrikkelijk **die Sonne** – de zon **stürmisch** – stormachtig **kalt** – koud **heiter** – onbewolkt **es ist** – het is **neblig** – mistig **windig** – winderig **Gewitter** – onweer

2. Vul het ontbrekende woord in

a. Im Sommer ist es oft sehr **heiß** in Berlin.   b. ... aber es ist meistens **kalt** im Winter.

c. Im Norden von Deutschland ist es oft **windig**.   d. Im Sommer gibt es manchmal ein starkes **Gewitter**.

e. Ich liebe es, wenn das Wetter **schön** ist.

3. Vertaal naar het Nederlands

a. In het noorden is het mooi.   b. In het oosten is het winderig.   c. In het zuidwesten regent het.

d. In het westen schijnt de zon.   e. In Berlijn is het onbewolkt en warm.   f. In Basel is het zwaarbewolkt, maar warm.

g. In Wenen is het erg heet.   h. Waar ik woon, sneeuwt het vaak.

4. Vul de ontbrekende letter in

a. schön b. kalt c. im Norden d. im Süden e. heiter f. wo ich wohne g. stürmisch h. im Sommer i. im Frühling
j. im Herbst

5. Gebroken woorden

a. **Im Sommer ist es normalerweise w**arm.   b. **Manchmal scheint die Sonne.**   c. **Im Herbst ist es oft bewölkt.**

d. **Wo ich wohne, schneit es nie.**   e. **Das Wetter ist oft sehr schön.**   f. **Heute ist das Wetter okay.**

g. **Wie ist das Wetter normalerweise in Zürich?**

6. Vul een passend woord in

a. Es ist oft **warm/heiter/schön** in Berlin.   b. Im Sommer ist es normalerweise **warm/sonnig**.

c. Das Wetter ist **meistens/normalerweise/oft/immer** schön.   d. Es ist oft **windig/stürmisch/kalt** im Herbst.

e. Im Winter **schneit** es oft.   f. Wo ich wohne, gibt es nie **Schnee/Gewitter**.

g. Ich liebe es, wenn es **schön/warm/heiter** ist.   h. Wo ich wohne, schneit es **nie**.   i. In Innsbruck ist es warm im **Sommer**.

j. Ich finde es super, wenn es **schneit/regnet**.

Hoofdstuk 4a. Vertellen over het weer: LEZEN (Pagina 28)

1. Vind het Duits voor de volgende woorden in de tekst van Eduardo

a. ich komme aus b. die Hauptstadt c. Ich wohne d. im Stadtzentrum e. Ich finde f. das Wetter hier g. Es ist oft
h. und im Winter i. zu kalt j. manchmal k. zu heiß l. Dann fahre ich in den Norden

2. Vul de beweringen hieronder in met behulp van de tekst van Dylan

a. Ik ben **15** jaar oud.   b. Ik woon in een **mooi** huis in de **hoofdstad** van Maleisië.   c. Ik vind het weer hier **super!**

d. Het is altijd **warm** en er is vaak **regen**.   e. Dan zit ik op het **balkon**.   f. Soms is er een **onweer**.

g. Ik houd van de bliksem en de **donder**.   h. Dat is het **beste!**

3. Eduardo, Dylan, Annika of Mo?

a. Mo b. Mo c. Dylan d. Annika e. Annika f. Eduardo g. Dylan h. Mo i. Eduardo

4. Verbeter elke bewering hieronder [over Robert's tekst] die onjuist is

a. Robert wohnt in ~~einem Haus~~ **einer Wohnung**.   b. Robert liebt das Wetter, wo er wohnt. **CORRECT**.

c. Er sitzt in einem Café, wenn es ~~kalt~~ **sonnig** ist.   d. Im Winter schneit es ~~nie~~ **oft**.

e. Robert hat eine große Schwester. **CORRECT**.   f. Sie ist auf einer Expedition in der ~~Arktis~~ **Antarktis**.

g. Da ist es sehr ~~heiß~~ **eiskalt**.

Hoofdstuk 4a. Vertellen over het weer: VERTALEN & SCHRIJVEN   (Pagina 29)

1. Vertaal naar het Nederlands

a. Het is altijd koud.   b. Het is vaak warm.   c. In de zomer is het heet.   d. In de winter sneeuwt het.

e. Het regent vaak in Berlijn.   f. Ik woon ...   g. ... in een mooi huis.   h. ... in een oud appartement.   i. Het is te koud.

j. Ik houd ervan, ...   k. ... als het regent.

2. Slechte vertaling: vind en verbeter elke vertaalfout (in het Nederlands) die je hieronder vindt

a. Waar ik woon, ~~sneeuwt~~ **regent** het vaak.   b. Het weer is normaal gesproken erg ~~slecht~~ **goed**.

c. In de zomer is het weer ~~soms~~ **vaak** mooi.   d. Ik woon in een modern ~~huis~~ **appartement** in de buitenwijken.

e. Ik houd ervan als het ~~regent~~ **sneeuwt**.   f. Het is altijd koud en het regent ~~zelden~~ **nooit**.   g. ~~Nooit~~ **Soms** schijnt de zon.

h. In januari is het vaak ~~onbewolkt~~ **bewolkt**.

3. Vind en verbeter de grammaticale fouten en de spelfouten

a. ~~Die~~ **Das** Wetter ist immer schön in Berlin.   b. Im Sommer ~~es ist~~ **ist es** oft warm in Wien.

c. Es ~~oft schneit~~ **schneit oft** im Winter.   d. Ich ~~leibe~~ **liebe** es, wenn es heiß ist.

e. Ich finde das **Wetter** nicht schön im **Winter**.   f. Ich ~~wohnen~~ **wohne** in einer modernen Wohnung.

g. Hier ist es manchmal ~~su~~ **zu** kalt.

4. Vul de ontbrekende letters in

a. Im Sommer ist es manchmal **zu** heiß.   b. Im Frühling gibt es oft Gewitter.   c. Ich wohne in einem Haus am Stadtrand.

d. Hier ist es immer bedeckt und kalt.   e. Ich liebe es, wenn das Wetter schön ist.   f. Wo ich wohne, regnet es jeden Tag.

g. In der Schweiz schneit es oft im Winter.

5. Geleid schrijven - Beschrijf elke persoon hieronder in een korte alinea in de eerste persoon enkelvoud ['ik']

Anna: Ich heiße Anna und ich bin dreizehn Jahre alt. Ich wohne in Hamburg in einer modernen Wohnung. Im Sommer ist es oft bedeckt. Im Winter ist es kalt und es regnet oft.

Andrea: Ich heiße Andrea und ich bin vierzehn Jahre alt. Ich wohne in Buenos Aires in einem großen Haus. Im Sommer ist es sonnig und heiß. Im Winter ist es zu kalt.

Olaf: Ich heiße Olaf und ich bin zwölf Jahre alt. Ich wohne in Reykjavik in einem alten Haus. Im Sommer ist es schön aber nicht so warm. Im Winter schneit es oft.

6. Beschrijf deze persoon in de 3e persoon

Er heißt Akari und er ist sechzehn Jahre alt. Er wohnt in einer schönen Wohnung in Tokio. Im Sommer ist es oft warm und sonnig. Im Winter schneit es selten und es ist nicht kalt.

Hoofdstuk 5 - Vertellen over mijn familie

Hoofdstuk 5. Vertellen over mijn familie + Tellen t/m 100: WOORDENSCHAT   (Pagina 32)

1. Vul het ontbrekende woord in

a. In meiner F**amilie** gibt es ...   b. Es gibt **fünf** Personen, ...   c. meinen **Opa** Peter.

d. **Mein** Opa ist achtzig Jahre alt.   e. Es gibt auch meine **Mutter**.   f. Sie ist **vierzig** Jahre alt.

g. Ich verstehe mich **gut** ...   h. mit meinem **Bruder**.

2. Combineer

sechzehn – 16   zwölf – 12   einundzwanzig – 21   zehn – 10   dreiunddreißig – 33   dreizehn – 13

achtundvierzig – 48   zweiundfünfzig – 52   fünf – 5   fünfzehn – 15   neunundsiebzig – 79

3. Vertaal naar het Nederlands

a. Ik kan het goed vinden ...   b. Er is mijn oma Lisa.   c. Er is ook mijn oom.   d. Ik heb ook een zus.

e. In mijn familie is er ...   f. Ik kan het niet goed vinden ...   g. met mijn vader   h. Mijn vader is veertig jaar oud.

4. Vul de ontbrekende letter in

a. Familie b. es gibt c. Personen d. auch e. Bruder f. groß g. Mutter h. Cousine i. ich verstehe mich gut

j. außerdem k. dreißig l. zehn

5. Gebroken woorden

a. **Es gibt sechs Personen in meiner Familie.** b. **Meine Schwester ist dreizehn Jahre alt.** c. **In meiner Familie gibt es**

d. **Mein Onkel heißt** e. **Mein Vater ist neununddreißig Jahre alt.** f. **Ich verstehe mich nicht gut mit meinem Bruder.**

g. **Ich verstehe mich gut mit meiner Schwester.**

6. Vul een passend woord in

a. In meiner Familie **gibt** es ...   b. Es **gibt** sechs Personen.   c. Ich habe auch einen **Bruder/Onkel/Opa/Vater.**

d. Er ist **vierzig/fünfzig** Jahre alt.   e. Meine **Schwester/Cousine/Tante** Luise ist vierzig Jahre alt.

f. Ich verstehe mich **gut** mit meinem Vater.   g. Es gibt auch meinen **Bruder/Cousin/Onkel/Opa** Max.

h. Ich **verstehe** mich gut mit meiner Oma.   i. Ich verstehe **mich** nicht gut mit meiner Tante.

j. Ich habe keine **Geschwister**, leider!

Hoofdstuk 5. Vertellen over mijn familie + tellen t/m 100 : WOORDEN TRAINING (Pagina 33)

1. Combineer

Es gibt – er zijn **in meiner Familie** – in mijn familie **mit meinem Bruder** – met mijn broer **sieben** – zeven **ich verstehe mich gut** – ik kan het goed vinden **Personen** – personen

2. Vul het ontbrekende woord in

a. Es **gibt** fünf Personen.   b. Mein **Vater**, Nico, ist fünfzig Jahre alt.   c. Ich **verstehe** mich gut ...

d. Es gibt meinen **Cousin** Jonas.   e. Mein Onkel Ben ist **einundvierzig** Jahre alt.   f. Er ist **siebzehn** Jahre alt.

g. **Sie** ist sechsunddreißig Jahre alt.   h. Meine **Oma** Liese ist achtzig Jahre alt.

3. Vertaal naar het Nederlands

a. Hij is tien jaar oud.   b. Zij is 25 jaar oud.   c. Mijn moeder is 38 jaar oud.   d. Ik kan het goed vinden met mijn opa.

e. Ik kan het goed vinden met mijn tante.   f. Mijn kleine zus is drie jaar oud.   g. Er zijn zes personen in mijn familie.

h. Ik kan het niet zo goed vinden met mijn ouders.

4. Vul de ontbrekende letters in

a. Ich habe einen gro**ßen** Bruder.   b. In meiner F**amilie** gibt **es** drei Personen.   c. Meine Cousine ist s**iebzehn** Jahre alt.

d. Ich ver**stehe** mich g**ut** mit meiner Oma.   e. Meine T**ante** ist vierzig **Jah**re al**t**.

f. Ich verst**ehe** mich gut mit mein**em** Vater.   g. Meine Sch**wester** ist fünfzehn Jahre alt.

5. Vertaal naar het Duits

a. In meiner Familie gibt es ...   b. ... vier Personen   c. Es gibt meinen Vater.   d. Er ist vierzig Jahre alt.

e. Ich verstehe mich gut ...   f. ... mit ihm.

6. Vind en verbeter de fouten

a. In mein**er** Familie gibt es vier Personen.   b. Es gibt mein**en** Vater.   c. Mei**n** Bruder ist vierzehn Jahre alt.

d. Ich verstehe mich gut mit meine**m** Bruder.   e. Mein**e** Cousine ist sieben Jahre alt.

f. Ich verstehe mich gut mit mein**er** Schwester.

Hoofdstuk 5. Vertellen over mijn familie + Tellen t/m 100: VERTALEN   (Pagina 34)

1. Combineer

dreißig – 30 **fünfzig** – 50 **vierzig** – 40 **sechzig** – 60 **achtzig** – 80 **neunzig** – 90 **einhundert** – 100 **zwanzig** – 20

siebzig – 70

2. Schrijf het ontbrekende getal voluit

a. Ich bin einund**zwanzig** Jahre alt.   b. Mein Vater ist sechsund**vierzig** Jahre alt.

c. Meine Mutter ist neunund**dreißig** Jahre alt.   d. Mein Opa ist einhundertund**acht** Jahre alt.

e. Mein Onkel ist **fünfundfünfzig** Jahre alt.   f. Sie sind **neunzig** Jahre alt.

g. Meine Cousins sind **vierundzwanzig** Jahre alt.   h. Ist er **siebzig** Jahre alt?

3. Schrijf in het Duits

a. 63 – **dreiundsechzig** b. 89 – **neunundachtzig** c. 100 – **hundert** d. 74 – **vierundsiebzig** e. 17 – **siebzehn**

f. 36 – **sechsunddreißig** g. 52 – **zweiundfünfzig** h. 25 – **fünfundzwanzig** i. 98 – **achtundneunzig**

4. Verbeter de vertaalfouten

a. Mein Vater ist **vierzig** Jahre alt.   b. Meine Mutter ist **zweiundfünfzig** Jahre alt.   c. Wir sind **zweiundvierzig** Jahre alt.

d. Ich bin **einundvierzig** Jahre alt.   e. Wir sind **vierunddreißig** Jahre alt.

5. Vertaal naar het Duits (schrijf de getallen voluit in letters)

a. In meiner Familie gibt es fünf Personen.   b. Meine Mutter heißt Julia und sie ist einundvierzig.

c. Mein Vater heißt Hannes und er ist neununddreißig.   d. Es gibt auch meinen großen Bruder Max, er ist vierzehn.

e. Mein kleiner Bruder heißt Jens und er ist zehn.   f. Ich heiße Annemarie und ich bin siebenundzwanzig.

g. Mein Opa heißt Alexander und er ist siebenundsiebzig.

Hoofdstuk 5. Vertellen over mijn familie + Tellen t/m 100: SCHRIJVEN   (Pagina 35)

1. Vind en verbeter de spelfouten

a. veirzehn – **vierzehn** b. sechsehn – **sechzehn** c. einsundzwanzig – **einundzwanzig**

d. achtunddreizig – **achtunddreißig** e. siebenzehn – **siebzehn** f. funfzehn – **fünfzehn**

g. nineundfünzig – **neunundfünfzig**

2. Vul de ontbrekende letter in

a. Mein V**a**ter ist f**ü**nfzig Jahre alt.   b. Meine Schwester ist vierzehn J**a**hre alt.

c. Meine Eltern sind achtunddreißig Jahre alt.   d. Mein kleiner Bru**d**er ist neun Jahre alt.

e. Mein O**p**a ist siebenundachtzig Jahre alt.   f. Meine kleine Schwester ist vier Jahre alt.

3. Zet de woorden van de volgende zinnen in de juiste volgorde

a. In meiner Familie gibt es vier Personen.   b. Ich verstehe mich nicht gut mit meinem Bruder.

c. Mein Vater heißt Michael und er ist fünfundfünfzig Jahre alt.

d. In meiner Familie gibt es drei Personen, meine Mutter, meinen Vater und mich.

e. Mein Cousin heißt Benjamin und er ist siebenunddreißig Jahre alt.

f. Mein Opa heißt Ferdinand und ich verstehe mich gut mit ihm.

4. Vul in

a. I**n** meiner F**a**milie gibt es ...   b. Es gibt vier Personen.   c. Meine Schwester heißt...   d. Es gibt auch meine Oma ...

e. ... und meinen Opa.   f. Er ist sechsundsechzig.   g. Ich bin zweiunddreißig.   h. Sie ist einundvierzig.

5. Schrijf een kort stukje voor elke persoon zoals in het voorbeeld te zien is

bijv. Jens: Mein bester Freund heißt Jens und er ist dreizehn Jahre alt. Ich verstehe mich sehr gut mit ihm.

Martin: Mein Vater heißt Martin und er ist siebenundvierzig Jahre alt. Ich verstehe mich gut mit ihm.

Laura: Meine Mutter heißt Laura und sie ist fünfundvierzig Jahre alt. Ich verstehe mich gar nicht mit ihr.

Daniela: Meine Tante heißt Daniela und sie ist sechzig Jahre alt. Ich verstehe mich sehr gut mit ihr.

Andreas: Mein Onkel heißt Andreas und er ist siebenundsechzig Jahre alt. Ich verstehe mich nicht gut mit ihm.

Bernhard: Mein Opa heißt Bernhard und er ist fünfundsiebzig Jahre alt. Ich verstehe mich sehr gut mit ihm.

Even Herhalen 1: Getallen 1 t/m 100, data en verjaardagen, haar en ogen, familie   (Pagina 36)

1. Combineer

11 – elf **12** – zwölf **13** – dreizehn **14** – vierzehn **15** – fünfzehn **16** – sechzehn **17** – siebzehn **18** – achtzehn
19 – neunzehn **20** – zwanzig

2. Vertaal de dagen naar het Nederlands

a. op 4 maart b. op 1 april c. op 24 december d. op 31 juli e. op 9 november f. op 8 mei g. op 3 oktober h. op 17 juni

3. Vul het ontbrekende woord in

a. Mein Geburtstag **ist** am fünfzehnten Mai. b. Ich bin vierzehn **Jahre** alt. c. Mein Bruder hat blonde **Haare.**

d. Woher **kommst** du? e. In meiner Familie **gibt** es drei Personen. f. **Meine** Mutter hat blaue **Augen.**

g. Ich komme **aus** Berlin. h. **Mein** Bruder **heißt** Sascha.

4. Schrijf de oplossing in woorden zoals je kunt zien in het voorbeeld

a. zehn b. zwanzig c. siebzig d. sechzig e. dreißig f. fünfzig g. neunzig h. siebzig i. vierzig

5. Vul in

a. mein O**pa** b. meine C**ousine** c. die Augen d. gr**ün** e. der B**art** f. die Brille g. meine Schw**ester** h. Ich h**abe** ...

6. Vertaal naar het Nederlands

a. Mijn moeder heeft bruin haar. b. Ik heb groene ogen. c. Ik ben 41 jaar oud. d. Mijn opa is 90 jaar oud.

e. Mijn oom draagt een bril. f. Mijn broer heeft zomersproeten. g. Mijn broer heeft lang zwart haar.

h. Mijn zus heeft grijsblauwe ogen.

Hoofdstuk 6 (Deel 1)

Mijzelf en andere familieleden beschrijven (lichamelijk en persoonlijkheid)

Tijd voor grammatica 1&2

Hoofdstuk 6. Woordenschat opbouwen

(Pagina 38-39)

1. Combineer

Ich bin hübsch. – Ik ben mooi.   **Ich bin stur.** – Ik ben koppig   **Ich bin lustig.** – Ik ben grappig.

Ich bin gemein. – Ik ben gemeen.   **Ich bin faul.** – Ik ben lui.   **Ich bin stark.** – Ik ben sterk.

Ich bin frech. – Ik ben brutaal.   **Ich bin schlank.** – Ik ben slank.   **Ich bin groß.** – Ik ben lang.

2. Vul in

a. Mein kleiner Bruder ist ein bisschen **nervig**.   b. Mein Vater ist sehr f**reundlich**.

c. Meine große Schwester ist ziemlich **stur**.   d. Meine Oma ist immer l**ustig**.   e. Mein Freund Mo ist sehr m**uskulös**.

3. Categorieën - sorteer de bijvoeglijk naamwoorden hieronder naar de gegeven categorieën

das Aussehen: d. muskulös   e. schön   i. pummelig   l. hässlich   m. stark   n. hübsch

die Persönlichkeit: a. lustig   b. stur   c. nett   f. schlau   g. geduldig   h. gemein   j. langweilig   k. nervig

4. Vul de woorden aan

a. Ich bin langwei**lig**.   b. Ich bin sch**ön**.   c. Ich bin musk**ulös**.   d. Ich bin st**ur**.   e. Ich bin **nett**.   f. Ich bin flei**ßig**.

g. Ich bin kl**ein**.   h. Ich bin schl**au**.

5. Vertaal naar het Nederlands

a. Mijn grote zus is altijd aardig.   b. Mijn grote broer is een beetje mollig.   c. Mijn vader is altijd aardig voor mij...

d. ..., maar mijn moeder is vaak irritant.   e. Ik ben echt mooi, ...   f. ..., maar een beetje koppig.

g. Bovendien ben ik erg creatief.   h. Ik ben slim.

6. Vind en verbeter de vertaalfouten in het Nederlands

a. ~~Hij is~~ **Ik ben** erg sterk.   b. Hij is nogal ~~mollig~~ **slank**.   c. Ik ben niet ~~erg mooi~~ **zo lelijk**.   d. Mijn moeder is **erg** lang.

e. Mijn broer is ~~nooit~~ **meestal** irritant.   f. Mijn zus is heel ~~saai~~ **koppig**.   g. Mijn vader is ~~altijd~~ **soms** gemeen.

7. Vul in

a. Mein Bruder ist oft frech.   b. Meine Schwester ist nett.   c. Mein Vater ist nicht stur ...   d. ..., aber er ist immer faul.

e. Meine Mutter ist sehr lustig ...   f. ... und sie ist gar nicht gemein.

8. Vertaal naar het Duits

a. Ich bin ziemlich stark.   b. Ich bin auch sehr schön/hübsch.   c. Mein kleiner Bruder ist ein bisschen nervig...

d. ..., aber er ist sehr schlau.   e. Meine große Schwester ist immer nett.   f. Sie ist auch immer fleißig.

g. Mein Vater ist ein bisschen faul.   h. Außerdem ist er ziemlich stur.

Tijd voor grammatica 1: Tegenwoordige tijd van "sein" *[zijn]* – Training 1 (Pagina 41)

1. Combineer

wir sind – wij zijn   **sie sind** – zij zijn   **ich bin** – ik ben   **du bist** – jij bent   **ihr seid** – jullie zijn   **er ist** – hij is

2. Vul de ontbrekende vorm van 'sein' in

a. Ich **bin** sehr geschwätzig.   b. Meine Mutter **ist** superlustig.   c. Meine Schwestern **sind** total frech.

d. Mein Bruder **ist** sehr geduldig.   e. Meine Eltern **sind** nicht streng.   f. Wie **bist** du?   g. Wie **sind** deine Haare?

h. Ihr **seid** gar nicht stark!

3. Vertaal naar het Nederlands

a. Mijn vader is superaardig.   b. Mijn moeder is altijd ontspannen.   c. Mijn nicht is verlegen.   d. Mijn tante is erg groot.

e. Mijn beste vriend is erg aardig.   f. Mijn opa is altijd goed gehumeurd.   g. Mijn oma is nogal brutaal.

h. Jullie zijn altijd gemeen voor mij!

4. Vul de ontbrekende letters in

a. Wir **sind** sehr fleißig.   b. Meine Mutter is**t** superstreng.   c. Meine Eltern **s**ind ein bisschen stur.

d. Meine Geschwister s**i**nd total gemein zu mir.   e. Meine Schwester i**st** pummelig.   f. Ihr **seid** sehr freundlich!

g. Du b**ist** ein bisschen faul.   h. Mein Opa und meine Oma **sind** immer großzügig.   i. Wie b**ist** du?

j. Herr Direktor, Sie **sind** sehr gemein!

5. Vertaal naar het Duits

a. du bist   b. er ist   c. ihr seid   d. sie sind   e. wir sind   f. sie ist

6. Vind en verbeter de fouten

a. Meine Mutter ~~is~~ **ist** sehr nett.   b. Meine Eltern ~~sein~~ **sind** total streng.   c. Meine Schwester ~~est~~ **ist** ziemlich intelligent.

d. Mein Bruder und ich ~~bin~~ **sind** sehr groß.   e. Wie ~~ist~~ **bist** du?

Tegenwoordige tijd van "sein" *[zijn]* – Training 2 (Pagina 42)

7. Vul de ontbrekende letters in

a. W**ir** sind sehr groß.   b. D**u** b**ist** ziemlich klein.   c. Meine Mutter **ist** ein bisschen pummelig.

d. Meine Lehrer sin**d** sehr gut.   e. D**u** b**ist** sehr hübsch.   f. Ich **b**in nicht schüchtern.

g. Mein Bruder und ich sin**d** sehr fleißig.

8. Vul de ontbrekende vorm van het werkwoord SEIN in

a. Meine Mutter **ist**   b. Meine Eltern **sind**   c. Ich **bin**   d. Sie **sind**   e. Meine Mutter und ich **sind**   f. mein Bruder **ist**

g. Ihr **seid**   h. Du **bist**   i. Frau Direktorin, Sie **sind**

9. Vul de ontbrekende vorm van SEIN in

a. Ich **bin** achtzehn Jahre alt.   b. Meine Mutter **ist** sehr groß und schön.   c. Meine Eltern **sind** sehr streng.

d. Mein Bruder **ist** ziemlich nervig.   e. Ich **bin** ein bisschen pummelig.   f. Sie **sind** klein.

g. Meine Schwester und ich **sind** muskulös.   h. Mein Freund Marco **ist** Italiener.

10. Vertaal naar het Duits

a. Meine Mutter ist sehr groß.   b. Mein Vater ist ziemlich klein.   c. Mein kleiner Bruder ist ein bisschen schüchtern.

d. Meine kleine Schwester ist nicht sehr nett.   e. Mein Opa ist sehr streng.   f. Meine Oma ist supergeduldig.

g. Meine Mutter ist gar nicht faul.   h. Meine Tante ist normalerweise sehr nett.

11. Vertaal naar het Duits

a. Meine Mutter und meine Schwester sind sehr groß.   b. Meine Schwestern sind immer sehr nett zu mir.

c. Ich bin sehr freundlich.   d. Du bist immer geschwätzig und sehr faul.   e. Mein Bruder und ich sind gar nicht groß.

f. Meine Mutter und meine Schwester sind ziemlich schön/hübsch.   g. Meine Freundin und ihre Schwester sind sehr klein.

h. Ihr seid sehr gemein!

Training

1. Vertaal naar het Nederlands

a. Wij hebben lang zwart haar.   b. Hij heeft kort blond haar.   c. Jullie hebben golvend bruin haar.

d. Jij hebt kort rood haar.   e. Zij hebben krullend roodblond haar.   f. Ik heb lang wit haar.

g. Zij heeft halflang, golvend blond haar.

2. Vind en verbeter de fouten (let op: niet alle zinnen zijn fout)

a. -   b. Meine Schwestern ~~habe~~ **haben** lange blonde Haare.   c. Ich ~~hat~~ **habe** kurze braune Haare.

d. Sie ~~hast~~ **hat** mittellange rote Haare. e. Wir ~~habe~~ **haben** ~~kurz~~ **kurze** Haare.

f. Meine Mutter und ich ~~hat~~ **haben** glatte braune Haare.

3. Vul het ontbrekende deel van het werkwoord in

a. Ich ha**be** blonde Haare.   b. Meine Mutter ha**t** blaue Augen.   c. Meine Schwestern ha**ben** rote Haare.

d. Mein Vater ha**t** graue Haare.   e. Wir ha**ben** schwarze Haare.   f. Mein Opa ha**t** weiße Haare.

g. Maria und ich ha**ben** blonde Haare.   h. Mein Cousin ha**t** braune Haare.   i. Ha**bt** ihr lange Haare?

j. Mein Bruder und ich ha**ben** lockige Haare.   k. Mein Freund Jonas ha**t** grüne Augen.

l. Meine Geschwister ha**ben** kurze Haare.   m. Ich ha**be** mittellange blonde Haare.   n. Ha**st** du auch blonde Haare?

4. Vul de ontbrekende vormen van HABEN in

a. Du und deine Mutter, ihr **habt** blonde Haare.   b. Meine Eltern **haben** braune Augen.

c. Meine Schwester und ich **haben** rote Haare.   d. Meine Großeltern **haben** schwarze Haare.   e. Du **hast** einen Bart.

f. Herr Direktor, Sie **haben** graue Haare.   g. Mein Bruder **hat** kurze glatte Haare.   h. Mein Cousin **hat** rotblonde Haare.

i. Meine zwei Schwestern **haben** glatte Haare.   j. Meine Freundin und ich **haben** blaue Augen.

5. Vertaal naar het Duits

a. Wir haben lange Haare.   b. Du hast blonde Haare.   c. Ihr habt dunkelbraune Haare.   d. Sie hat grüne Augen.

e. Mein Vater hat lange wellige Haare.   f. Meine Schwester hat kurze glatte Haare.   g. Mein Opa hat graue Haare.

h. Mein Onkel hat keine Haare.   i. Meine Oma und ich haben blonde Haare.   j. Mein Onkel Tim hat grüne Augen.

6. Geleid schrijven - Schrijf een tekst in de eerste persoon enkelvoud (ik) inclusief onderstaande gegevens:

Ich bin elf Jahre alt. Ich habe eine Schwester. Sie ist vierzehn Jahre alt. Sie hat mittellange, wellige blonde Haare und blaue Augen. Sie ist groß, hübsch/schön und immer freundlich. Ich habe auch einen Bruder. Er ist acht Jahre alt. Er hat kurze, wellige schwarze Haare und braune Augen. Meine Eltern haben kurze dunkelblonde Haare und braune Augen.

7. Schrijf een tekst van 80 tot 100 woorden waarin je vier personen beschrijft die je goed kent.

MODEL TEKST

Mein Bruder heißt Alex. Er ist achtzehn Jahre alt. Er hat kurze, glatte braune Haare und braune Augen. Er hat keine Brille. Er ist groß und nicht sehr schlank. Er ist sehr fleißig und freundlich. Mein bester Freund heißt Tim. Er hat kurze braune Haare und grüne Augen und er trägt eine Brille. Er ist groß und stark. Er ist sehr lustig und schlau. Meine Cousine heißt Kathrin und sie ist fünfzehn Jahre alt. Sie hat lange, glatte blonde Haare und blaue Augen. Sie hat keine Brille. Sie ist kurz und schlank. Sie ist sehr schüchtern und etwas faul. Mein Onkel heißt Andreas und er ist neununddreißig Jahre alt. Er hat kurze, glatte graue Haare. Er hat schwarze Augen und trägt eine Brille. Er ist groß und dick. Er ist freundlich und geschwätzig.

Hoofdstuk 6 (Deel 2) - Mijn familie beschrijven en zeggen waarom ik hen (niet) mag

Hoofdstuk 6. (Deel 2) Mijn familie beschrijven: WOORDENSCHAT (Pagina 46)

1. Vul het ontbrekende woord in

a. In meiner Familie **gibt** es ...   b. Es gibt **vier** Personen.   c. Meine **Mutter**, die Leonie heißt ...

d. Mein Onkel **ist** sehr groß.   e. Meine **Tante** ist total nett.   f. Meine Cousine Olivia ist **lustig**.   g. Ich mag meinen **Bruder**.

2. Combineer

meine Tante – mijn tante   **mein Opa** – mijn opa   **meine Mutter** – mijn moeder   **mein Vater** – mijn vader

meine Oma – mijn oma   **mein Cousin** – mijn neef   **mein kleiner Bruder** – mijn broertje   **mein Onkel** – mijn oom

meine Schwester – mijn zus   **meine Cousine** – mijn nicht

3. Vertaal naar het Nederlands

a. Ik houd van mijn oom.   b. Mijn nicht is altijd goed gehumeurd.   c. Hij heeft lang bruin haar.

d. Ik kan het niet goed vinden met ...   e. Ik mag mijn tante niet.   f. Ik kan het goed vinden met ...   g. Ze is echt nerveus.

h. Hij is nooit aardig.

4. Vul de ontbrekende letter in

a. stur b. groß c. **n**ett d. schlank e. geizig f. stark g. fleißig h. hübsch i. faul j. gemein k. freundlich

l. zuverlässig

5. Gebroken woorden

a. In meiner Familie gibt es vier Personen.   b. Meine Mutter ist sehr nett.   c. Ich verstehe mich nicht gut mit ...

d. Mein Onkel ist sehr geizig.   e. Ich verstehe mich gut mit meiner Schwester.

f. Mein Bruder hat kurze lockige Haare.   g. Mein Vater ist ziemlich schlau.

6. Vul een goed passend woord in

a. Es gibt **vier/fünf/sechs** Personen.   b. Ich verstehe mich **gut** mit ...   c. Meine Mutter ist **sehr/total** nett.

d. Sie ist sehr **nett/fleißig/...**   e. Er hat **blonde/braune/schwarze** Haare.   f. Ich **mag** meinen Vater.

g. Ich **verstehe** mich nicht gut mit ...   h. Sie hat lange **wellige/lockige/rote/blonde** Haare.

i. Mein Opa hat **blaue/grüne/braune** Augen.   j. Mein Cousin ist **sehr** lustig.

k. Meine **Mutter/Schwester/Cousine** ist sehr schlau.   l. Meine Oma ist **siebzig** Jahre alt.

Hoofdstuk 6. Mijn familie beschrijven: LEZEN (Pagina 47)

1. Vind het Duits voor de volgende woorden in de tekst van Fatima

a. Ich heiße b. im Norden c. Ich mag ... sehr d. ziemlich e. aber f. jedoch g. stel je voor! h. kurze braune Haare

2. Beantwoord de volgende vragen over de tekst van Angelo

a. 10 jaar oud b. uit Luzern c. acht d. met zijn oom e. Omdat hij echt aardig is.

f. Met zijn tante omdat zij altijd onvriendelijk en gemeen tegen hem is.   Bonus: weil

3. Vul de ontbrekende woorden in

Hallo! Ich heiße Alex. Ich **bin** zehn Jahre alt und ich wohne **in** Berlin. In meiner **Familie** gibt es vier Personen. Ich **verstehe** mich gut mit meinem Opa, denn **er** ist immer nett und entspannt. Er hat kurze graue **Haare** und graublaue **Augen**. Aber ich verstehe mich nicht gut **mit** meiner Tante, denn sie **ist** total langweilig.

4. Beantwoord de vragen hieronder over alle teksten

a. Jonas b. Marco c. Susi d. Marco e. Fatima f. Charly g. de opa van Fatima h. Alex en Maria i. Susi

Hoofdstuk 6. Mijn familie beschrijven: VERTALEN (Pagina 48)

1. Slechte vertaling: vind en verbeter hieronder alle vertaalfouten (in het Nederlands)

a. In mijn familie zijn er ~~veertien~~ **vier** personen.   b. Er is mijn moeder, Rita en mijn ~~neef~~ **broer** ben.

c. Ik kan het **niet** goed vinden met mijn vader.   d. Mijn ~~vader~~ **oom** heet Carl.

e. Carl is supergrappig en altijd ~~gemeen~~ **aardig** tegen mij.   f. Carl heeft kort, krullend ~~bruin~~ **zwart** haar.

2. Vertaal naar het Nederlands

a. Ik houd van mijn oma.   b. Mijn zus is altijd goed gehumeurd.   c. Mijn nicht is supergrappig en ontspannen.

d. Ik kan het goed vinden met mijn tante.   e. Ik mag mijn neef erg, ...   f. ... want hij is altijd aardig tegen mij.

g. Ik kan het super vinden met mijn vader, ...   h. ... maar ik mag mijn oom niet, ...

i. ... omdat hij altijd gemeen tegen mij is.

3. Zinsdelen vertalen Nederlands-Duits

a. Er ist sehr nett.   b. Sie ist immer großzügig.   c. Ich verstehe mich gut mit ...   d. Ich verstehe mich nicht gut mit ...

e. Mein Onkel ist superlustig.   f. Ich mag meinen kleinen Bruder.   g. Ich mag meine Cousine Mary nicht.

h. Sie hat kurze schwarze Haare.   i. Er hat blaue Augen.   j. Ich mag meinen Opa nicht.

k. Er ist sehr stur und immer gemein zu mir.

4. Zinnen vertalen Nederlands-Duits

a. Ich heiße Stefan. Ich bin neun Jahre alt. In meiner Familie gibt es vier Personen.

b. Ich heiße Carla. Ich habe blaue Augen. Ich verstehe mich gut mit meinem Bruder.

c. Ich verstehe mich nicht gut mit meinem Bruder, weil er nicht nett zu mir ist.

d. Ich heiße Frank. Ich wohne in Österreich. Ich mag meinen Onkel David nicht, weil er immer gemein zu mir ist.

e. Ich mag meine Cousine, weil sie sehr lustig ist.

f. In meiner Familie gibt es fünf Personen. Ich verstehe mich gut mit meinem Vater, aber ich mag meine Mutter nicht.

Hoofdstuk 6. Mijn familie beschrijven: SCHRIJVEN (Pagina 49)

1. Gesplitste zinnen

Ich verstehe mich gut **mit meiner Oma**.   Sie ist immer gut **gelaunt**.   Meine Oma ist **ziemlich klein**.

Sie hat **lockige weiße Haare**. Außerdem ist **sie total kreativ**.   Und sie ist immer **nett zu mir**.   Ich mag **meine Oma**.

2. Herschrijf de zinnen in de juiste volgorde (begin elke zin met het onderstreepte woord)

a. Ich habe sechs Personen in meiner Familie.   b. Ich verstehe mich gut mit meinem Bruder.

c. Ich mag meinen Onkel nicht.   d. Meine Mutter hat blaue Augen.   e. Meine Oma ist nett zu mir.

3. Vind en verbeter de grammaticale fouten en de spelfouten

a. In meiner Familie ~~es gibt~~ **gibt es** ...   b. Ich versteh**en** mich gut mit ...   c. Ich ~~nicht~~ mag meine Tante **nicht**.

d. Mein Bruder ist immer ~~gemien~~ **gemein**.   e. Ich ~~verstehst~~ **verstehe** mich nicht gut mit ...

f. ~~Miene~~ **Meine** Mutter ist großzügig.   g. Sie hat blaue Augen.   h. Meine Schwester ~~sein~~ **ist** sehr faul.   i. Er hat rote Haare.

j. Ich mag meine Oma sehr.

4. Anagrammen

a. nett b. fleißig c. pummelig d. faul e. gemein f. stur g. lustig h. schüchtern

5. Geleid schrijven - schrijf 3 korte alinea's waarin je de onderstaande personen beschrijft in de eerste persoon (ik):

Luzi: Ich heiße Luzi. Ich bin dreizehn Jahre alt. In meiner Familie gibt es vier Personen. Ich mag meine Mutter. Sie ist sehr fleißig. Sie hat lange blonde Haare. Ich mag meinen großen Bruder, denn er ist sehr lustig und immer nett zu mir. Ich mag meine Cousine Laura nicht, denn sie ist sehr gemein und faul.

Leo: Ich heiße Leo. Ich bin zwölf Jahre alt. In meiner Familie gibt es fünf Personen. Ich mag meinen Vater. Er ist sehr entspannt. Er hat kurze schwarze Haare. Ich mag meine Oma, denn sie ist superkreativ und oft gut gelaunt. Ich mag meinen Onkel Franz nicht, denn er ist immer stur und sehr hässlich.

Jonas: Ich heiße Jonas. Ich bin fünfzehn Jahre alt. In meiner Familie gibt es drei Personen. Ich mag meinen Opa. Er ist sehr lustig. er hat sehr kurze weiße Haare. Ich mag meine kleine Schwester, denn sie is sehr nett und immer entspannt. Ich mag meine Cousine Kathrin nicht. Sie ist sehr stark, aber supergeschwätzig und gemein zu mir.

6. Beschrijf deze persoon in de derde persoon:

Er heißt Alex und er ist vierzehn Jahre alt. In seiner Familie gibt es vier Personen. Er mag seine Tante Inge. Sie ist immer entspannt und lustig. Sie hat blonde Haare. Er mag seinen Onkel Paul nicht. Er ist nicht nett und nie gut gelaunt.

Hoofdstuk 6a. WOORDENSCHAT OPBOUWEN (Pagina 50-51)

1. Gesplitste zinnen

sehr gut – erg goed **klettern** – klimmen **Wie schade!** – Wat jammer! **tanzen** – dansen **wir können** – wij kunnen
Mein Opa kann – Mijn opa kan

2. Vul de juiste vorm van KÖNNEN in

a. Meine Schwester **kann** gut jonglieren. b. Mein Bruder und ich **können** sehr gut schwimmen.

c. Ich **kann** nicht so gut singen. d. Mein Onkel **kann** supergut rechnen. e. **Kannst** du Salsa tanzen?

f. Nein, ich **kann** nicht tauchen. g. Ihr **könnt** nicht jonglieren? Oje!

3. Vul het ontbrekende woord in

a. Ich kann sehr gut **kochen**. b. Meine Mutter kann ein **bisschen** Klavier spielen. c. **Kannst** du Spanisch sprechen?

d. Meine Cousins **können** gut Einrad fahren. e. Ich kann nicht so gut **singen**. Wie schade!

f. Meine Oma kann Motorrad **fahren**. Stell dir vor! g. Mein kleiner **Bruder** kann Handstand machen.

h. Meine große Schwester kann **sehr** gut schwimmen.

4. Vertaal naar het Nederlands

a. Ik kan koken. b. Jij kan zingen. c. Hij kan dansen. d. Zij kan zwemmen. e. Ik kan goed rekenen.

f. Mijn vriend kan goed schilderen. g. Jullie kunnen Duits spreken. h. Wij kunnen goed in een team werken.

i. een beetje j. Stel je voor! k. Oh jee! l. Wauw!

5. Vind en verbeter alle vertaalfouten in het Nederlands

a. Ik kan ~~niet zo~~ goed koken. b. Zij kan **niet** erg goed rekenen. c. Mijn ~~opa~~ **oom** kan niet zingen.

d. Ik kan ~~een beetje~~ **niet** ~~gitaar~~ **piano** spelen. e. ~~Jij kunt~~ **Zij kunnen** goed schilderen. f. Wij kunnen goed ~~koken~~ **klimmen**.

g. Ik kan ~~heel goed~~ **helemaal niet** dansen.

6. Anagrammen (infinitieven): Schrijf het woord en de vertaling op

a. kochen – *koken* b. tanzen – *dansen* c. arbeiten – *werken* d. malen – *schilderen* e. spielen – *spelen* f. fahren – *rijden*

7. Gebroken woorden

a. Ich kann sehr gut Deutsch sprechen. b. Er kann nicht schwimmen.

c. Meine Oma kann Einrad fahren, stell dir vor! d. Kannst du gut tanzen?

e. Mein großer Bruder kann jonglieren. f. Meine Freundin Marie kann sehr gut kochen.

8. Vul een passend woord in

a. Mein **Bruder/Vater/Onkel** kann kochen. b. Ich kann **gut/nicht** schwimmen. c. Kannst du **klettern/kochen/malen**?

d. Meine **Oma/Mutter/Schwester** kann Judo! e. Mein Freund kann **gut/nicht** tanzen. f. Wie **schade/peinlich**!

g. **Wir** können Gitarre spielen. h. Ich kann gar nicht **tanzen/kochen**, ... i. ... aber ich kann **malen/Gitarre spielen**.

Hoofdstuk 6a. Vertellen over vaardigheden: LEZEN (Pagina 52)

1. Vind het Duits voor de volgende woorden in de tekst van Olli

a. ich komme aus b. ich kann echt gut c. Lieblingsonkel d. der supersportlich ist e. Stell dir vor f. Leider kann er nicht

g. Wie schade! h. Aber vielleicht ... i. ... kann er es noch lernen.

2. Beantwoord de volgende vragen over de tekst van Tom

a. in (het noorden van) Londen b. schilderen c. Omdat ze altijd ontspannen en goed gehumeurd is. d. dansen en zingen

e. Ze kan met zes ballen jongleren. f. Omdat hij zijn oom en tante niet zo vaak kan zien.

THE LANGUAGE GYM

20

3. Vul de ontbrekende woorden in

Hallo! Ich **heiße/bin** Mia. Ich bin zehn Jahre alt und ich **wohne** in Basel. Mein Lieblings**onkel** heißt Alexander. Ich **mag** ihn sehr, denn **er** ist immer nett und gut gelaunt. Mein Onkel kann sehr gut Trompete **spielen** und er kann sehr gut Handstand **machen**, cool, ne? Und du, **hast** du einen Lieblingsonkel?

4. Beantwoord de onderstaande vragen over alle 5 teksten

a. Olli   b. Jana   c. Louis, de oom van van Tom   d. Lisa   e. Mary, de tante van Tom   f. Olli   g. Maria   h. Jana

Hoofdstuk 6a. Vertellen over vaardigheden: VERTALEN/SCHRIJVEN   (Pagina 53)

1. Slechte vertaling: vind en verbeter alle vertaalfouten (in het Nederlands) in onderstaande zinnen

a. Mijn oom kan ~~helemaal niet~~ **erg goed** koken.   b. Mijn tante kan erg goed dansen en ~~zwemmen~~ **zingen**.

c. Mijn broer en ik kunnen ~~heel~~ goed karate.   d. ~~Hij~~ **Ik** kan erg goed in een team werken.

e. Ik houd van ~~haar~~ **hem**, omdat hij goed kan zingen.

2. Vertaal van het Duits naar het Nederlands

a. Mijn opa kan de handstand.   b. Ik heb een lievelingsoom. Hij heet Max.   c. Ik houd van hem. Hij kan dansen en zingen!

d. Ik kan het goed vinden met mijn oom.   e. Ik heb een lievelingstante.   f. Ik mag haar erg.

g. Zij kan niet alleen yoga, maar ook karate.

3. Zet de woorden van elke zin in de juiste volgorde. Begin elke zin met het onderstreepte woord

a. Mein Onkel kann kochen und tanzen.   b. Meine Cousinen können sehr gut malen.   c. Ich mag meine Tante sehr.

d. Mein Bruder kann gut Deutsch sprechen.   e. Ich kann sehr gut tauchen, und du?   f. Meine Schwester kann Einrad fahren.

g. Das ist ja fantastisch!

4. Vind en verbeter de grammaticale fouten en de spelfouten

a. Mein Lieblingsonkel kann ~~kochen gut~~ **gut kochen**.   b. Meine Tante kann nicht so gut tanzen.   c. Wir können gut singen.

d. Du kannst sehr gut Fußball spielen.   e. Ich mag meinen Onkel, er kann jonglieren!   f. Kannst du jonglieren?

g. Sie kann supergut Deutsch sprechen!

5. Combineer

und – en   **aber** – maar   **leider** – helaas   **jedoch** – echter   **außerdem** – bovendien   **weil** – omdat   **auch** – ook

denn – want

6. Geleid schrijven - schrijf 3 korte alinea's waarin je de personen hieronder beschrijft in de eerste persoon (ik):

Johann: Ich heiße Johann. Ich bin fünfzehn Jahre alt. Ich wohne in Hamburg. Mein Lieblingsonkel heißt Adam. Er kann gut Basketball spielen aber er kann nicht so gut Spanisch sprechen.

Lenoie: Ich heiße Leonie. Ich bin dreizehn Jahre alt. Ich wohne in Luzern. Meine Lieblingstante heißt Eva. Sie kann gut Motorrad fahren aber sie kann nicht so gut kochen.

Deniz: Ich heiße Deniz. Ich bin elf Jahre alt. Ich wohne in Linz. Mein Lieblingsbruder heißt Yasim. Er kann gut malen und tanzen aber er kann nicht so gut Fußball spielen.

Hoofdstuk 7 - Vertellen over huisdieren
Tijd voor grammatica 3&4
Vraagvaardigheden 1

Hoofdstuk 7. Vertellen over huisdieren: WOORDENSCHAT OPBOUWEN (Pagina 56)

1. Vul het ontbrekende woord in:

a. Zu Hause habe ich einen **Wellensittich**. b. Ich habe auch eine **Schildkröte**. c. Ich habe keine **Katze**.

d. Ich hätte gern einen **Hund**. e. Zu **Hause** habe ich zwei **Hühner**. f. **Leider** habe ich keine **Schlange**.

g. Ich **habe** eine **Spinne** zu Hause. h. Ich **hätte** gern einen Hamster.

2. Combineer

eine Katze – een kat **einen Hund** – een hond **ein Pferd** – een paard **eine Spinne** – een spin **keine Fische** – geen vissen

eine Ente – een eend **ein Huhn** – een kip **ein Kaninchen** – een konijn **zwei Fische** – twee vissen

ein Haustier – een huisdier **einen Frosch** – een kikker

3. Vertaal naar het Nederlands

a. Ik heb een hond. b. Mijn vriendin Luzi heeft een rat. c. Ik heb vijf vissen. d. Ik heb geen huisdieren.

e. Ik heb drie honden. f. Ik zou thuis graag een schildpad hebben. g. Mijn broer heeft een slang.

h. Mijn hond is vier jaar oud.

4. Vul de ontbrekende letter in

a. Ich habe ... b. eine Schildkröte c. einen Papagei d. zwei **K**atzen e. einen Hund f. Er hat einen Frosch.

g. ein Meerschweinchen h. ein Pferd

5. Anagrammen

a. Hund b. Hamster c. Pferd d. Fisch e. Papagei f. Schlange g. Spinne h. Katze

6. Gebroken woorden

a. Z**u** Hause habe i**ch** einen Hund. b. Mein Freund Alex hat einen Papagei. c. Mein Bruder hat eine Schildkröte

d. Ich habe kein Kaninchen e. Ich habe eine Schlange. f. Meine Katze ist süß. g. Ich habe zwei Haustiere.

7. Vul een passend woord in

a. Mein Fisch **heißt** Nepomuk. b. Mein **Bruder** Jens hat einen Papagei. c. Mein Bruder **hat** eine Maus.

d. Mein Hund ist **schlau/ruhig/lebhaft** und sehr süß. e. Ich habe **einen** Fisch zu Hause.

f. Zu Hause habe ich **einen** Wellensittich. g. Meine Schwester **hat** ein Pferd.

h. Ich habe einen Hund und ein **Kaninchen/Pferd/Huhn**.

Hoofdstuk 7. Vertellen over huisdieren: LEZEN (Pagina 57)

1. Vind het Duits voor de volgende woorden in de tekst van Elena

a. zwei Haustiere b. der ... heißt c. eine Katze d. einen Hund e. ziemlich nervig f. wie mein Bruder g. meine Eltern

h. ich heiße i. ich finde ihn

2. Beantwoord de volgende vragen over Elena, Robert, Sandra en Julian

a. Elena b. Sandra c. Robert d. Julian e. Sandra f. Elena

3. Beantwoord de vragen over de tekst van Julian

a. in Vaduz b. rustig en altijd ijverig c. Samuel de cavia d. Speedy de schildpad e. de broer van Julian f. de schildpad

g. de cavia

4. Vul telkens een passend woord in

Hallo Leute! Ich **heiße** Yildiz. Ich bin zwölf **Jahre** alt und ich **wohne** in Basel. in meiner **Familie** gibt es fünf Personen: meine **Eltern**, meine zwei Schwestern Fatima und Deniz, und mich. Ich **finde** Fatima super, denn sie **ist** sehr fleißig und freundlich. Aber Deniz ist **total** faul und oft **gemein** zu mir. Ich **habe** zwei Haustiere: eine Ratte, die Zorro heißt **und** eine Katze, die Lila **heißt**. Zorro ist superlebhaft und **lustig**. Lila ist auch lebhaft, aber auch ein bisschen **faul**, **genau wie** meine **Schwester** Deniz!

5. Vul onderstaande tabel in

Elena: leeftijd – **11**   woonplaats – **Berlijn**   huisdieren – **hond, kat**

beschrijving van huisdieren – **hond - lief, kat - niet aardig**

Robert: leeftijd – **13**   woonplaats – **Salzburg**   huisdieren – **papegaai, spin**

beschrijving van huisdieren– **papegaai - spraakzaam, spin - levendig**

Hoofdstuk 7. Vertellen over huisdieren: VERTALEN   (Pagina 58)

1. Slechte vertaling: vind en verbeter de vertaalfouten in de Nederlandse zinnen

a. In mijn familie zijn er ~~vier~~ **drie** personen en ~~drie~~ **vier** huisdieren.

b. Thuis hebben we twee huisdieren: een hond en een ~~klein konijn~~ **kleine kat**.

c. Mijn vriend Max heeft een kleine ~~spin~~ **schildpad** die Rudi heet. Rudi is ~~supersaai~~ **supergrappig**.

d. Mijn oma heeft een ~~kleine eend~~ **klein paard** dat Babsi heet.

e. Mijn opa heeft een ~~papegaai~~ **parkiet** die Mo heet.

f. Ik heb twee kippen die Kalle en Klaus heten. Ze zijn ~~erg~~ **echt** schattig!

2. Vertaal naar het Nederlands

a. Ik heb   b. een grote hond   c. een kleine hamster   d. een lieve kat   e. een kleine schildpad   f. een schattig konijn

g. Helaas heb ik geen hond.   h. Wij hebben thuis geen huisdieren.   i. Ik zou graag een kleine hond hebben.

j. ik zou graag een kleine kat hebben.

k. Ik heb een klein konijn, maar ik zou graag een klein paard hebben. Ik houd van paarden.

3. Woordgroepen vertalen (Nederlands - Duits)

a. Ich habe einen großen Hund   b. und eine kleine Katze   c. zu Hause   d. und wir haben   e. ein schönes Pferd

f. und zwei neugierige Katzen.   g. Ich habe   h. Ich habe kein   i. Ich hätte gern ...

4. Zinnen vertalen (Nederlands-Duits)

a. Mein Bruder hat einen Hund, der Mücke heißt.   b. Meine Schwester hat eine Schildkröte, die Andy heißt.

c. Ich habe ein Pferd, das Gordito heißt.   d. Zu Hause haben wir drei Haustiere: eine Ente, ein Kaninchen und einen Papagei.

e. Ich habe eine Ratte, die Stuart heißt.   f. Zu Hause haben wir drei Haustiere: eine Katze, einen Hund und einen Hamster.

g. Ich habe zwei Fische, die Nemo und Dory heißen.

Hoofdstuk 7. Vertellen over huisdieren: SCHRIJVEN   (Pagina 59)

1. Gesplitste zinnen

Ich habe einen Hund, **der Konrad heißt.**   Ich habe auch ein **kleines Pferd.**   Leider habe ich keine **Katze.**

Mein Onkel **hat zwei Hunde.**   Ich hätte gern einen **kleinen Frosch.**   Ich habe keine Haustiere **zu Hause.**

2. Zet de woorden van elke zin in de juiste volgorde. Begin met het onderstreepte woord

a. Zu Hause haben wir drei Haustiere.   b. Ich hätte gern eine Ratte.   c. Ich habe eine Katze und ein Kaninchen.

d. Mein Freund Ben hat einen lustigen Papagei.   e. Ich habe ein Schwein, das Schnorchel heißt.

f. Wir haben fünf blaue Fische.   g. Meine Oma hat einen Hund, der Lupo heißt.

3. Vind en verbeter de grammaticale fouten en de spelfouten (let op: soms ontbreekt er een woord)

a. Zu Hause habe ich ein**en** Hund.   b. Ich habe ein Meerschweinchen.   c. Ich **hätte** gern eine große Spinne.

d. Meine Schwester ~~habe~~ **hat** zwei große Katzen.   e. Mein Freund Pedro hat vier H**üh**ner.

f. Ich habe ein Pferd, **das** Schnurrbart heißt.   g. Zu Hause ~~ich habe~~ **habe ich** einen kleinen Frosch.

h. Zu Hause **haben** wir drei Haustiere.

4. Anagrammen

a. Hund   b. Katze   c. Meerschweinchen   d. Fisch   e. Kaninchen   f. Pferd   g. Haustiere

5. Geleid schrijven - Beschrijf m.b.v. de gegevens hieronder in 3 korte alinea's onderstaande huisdieren

Tom: Ich heiße Tom. Ich habe einen Hund, der vier Jahre alt ist. Er ist weiß und süß.

Leonie: Ich heiße Leonie. Ich habe eine Ente, die sechs Jahre alt ist. Sie ist blau und lustig.

Moritz: Ich heiße Moritz. Ich habe ein Pferd, das ein Jahr alt ist. Es ist braun und schön.

6. Beschrijf deze persoon in de derde persoon:

Er heißt Malte. Er hat schwarze kurze Haare und braune Augen. Er ist sehr nett, klein und dick. Er hat einen Hund, eine Katze und zwei Fische. Er hätte gern eine Spinne.

Tijd voor grammatica 3: HABEN (Deel 2) Huisdieren en beschrijving   (Pagina 60)

1. Vertaal

a. i**ch** habe   b. d**u** ha**st**   c. er/sie/es ha**t**   d. w**ir** haben   e. i**hr** habt   f. sie haben

2. Vertaal naar het Nederlands

a. Ik heb een groot konijn.   b. Mijn broer heeft een lelijke kat.   c. Mijn moeder heeft een grote hond.

d. Mijn neven hebben een dikke cavia.   e. Thuis hebben we een zeer grote spin.

f. Mijn vriendin Luzi heeft een supersnel paard.

3. Vul in

a. Ich **habe** ein Meerschwein, ...   b. ... es **hat** braune Augen.   c. Wir **haben** eine Schildkröte. Sie **hat** rote Augen.

d. Meine Schwester **hat** einen Hund.   e. Meine Onkel **haben** zwei Katzen.   f. Sie **haben** grüne Augen.

g. Mein Bruder und ich **haben** eine Schlange.   h. **Habt** ihr Haustiere?   i. Was für Haustiere **habt** ihr?

4. Vertaal naar het Duits

a. Ich habe ein Meerschwein(chen). Es hat braune Augen.   b. Wir haben zu Hause keine Haustiere.

c. Mein Hund ist drei Jahre alt. Er hat lange Haare.   d. Ich habe drei Schwestern. Sie sind sehr gemein zu mir.

e. Meine Cousins haben eine Katze. Sie ist sehr süß.   f. Meine Tante hat lange, lockige blonde Haare. Sie ist sehr schön.

g. Mein Onkel und ich haben schwarze Haare und grüne Augen.

Tijd voor grammatica 4: EEN, DE en MIJN in de eerste en vierde naamval   (Pagina 62)

Training

1. Gesplitste zinnen

Ich habe einen **Hund.**   Das ist ein **Pferd.**   Mein Pferd **ist superschnell.**   Ich mag meine **Katze.**   Sie heißt **Mizi.**
Sie ist **süß!**   Ich finde **sie fantastisch!**

2. Vul een passend woord in

a. Ich habe eine **Katze/Schlange/Maus/Ente.**   b. Ich finde meinen **Hund/Papagei/Hamster/Fisch** nervig.

c. Das ist ein **Hund/Kaninchen/Frosch/Pferd.**   d. Mein **Hund/Schwein/Wellensittich/Kaninchen** ist sehr gefährlich.

e. Ich mag meinen **Fisch/Hund/Hamster/Papagei,** er ist so cool!   f. Aber ich mag meine **Katze/Maus/Spinne** nicht.

g. Die **Schlange/Spinne/Maus/Schildkröte** ist sehr interessant.   h. Ich finde den **Hund/Fisch/Hamster** nicht so cool.

3. Onderstreep de juiste vorm

a. Ich habe **einen** Bruder.   b. Ich finde **meinen** Onkel cool.   c. Das ist **mein** Vater ...   d. ... ich mag **ihn!**

e. **Meine** Mutter ist so cool, ...   f. ... ich finde **sie** sehr lustig.   g. Ich mag **meine** Eltern.   h. Das sind **meine** Brüder.

i. **Der** Hamster ist zehn Jahre alt.   j. Ich finde **mein** Pferd cool.   k. Hast du **eine** Schwester?   j. Ja, **sie** ist total cool!

4. Voeg voor zover noodzakelijk achter 'ein', 'mein' en 'kein' de juiste verbuiging toe

a. keine b. Mein c. meinen d. meine e. Meine, eine f. ein, einen g. Mein, meine h. Meine, ein, ein

5. Vertaal naar het Duits

a. Ich habe einen Onkel. b. Ich finde ihn cool. c. Mein Onkel heißt Otto und er ist sehr nett.

d. Das ist mein Hund! Er ist groß! e. Ich habe eine Katze. Sie heißt Mizi. f. Ich finde meine Katze sehr süß.

g. Hast du ein Pferd? h. Ich mag es.

Vraagvaardigheden 1: Leeftijd/beschrijvingen/huisdieren (Pagina 63)

1. Combineer vraag en antwoord

Wie alt bist du? Ich bin vierzehn Jahre alt.

Warum magst du deine Mutter nicht? Ich mag sie nicht, weil sie zu streng ist!

Wie sind deine Haare? Meine Haare sind mittellang, lockig und dunkelbraun.

Wie alt sind deine Oma und dein Opa? Sie ist zweiundsechzig Jahre alt und er ist einundsechzig Jahre alt.

Welche Farbe haben deine Augen? Meine Augen sind blau.

Was ist deine Lieblingsfarbe? Blau, definitiv!

Wie geht es dir? Es geht mir gut, danke!

Hast du ein Haustier? Nein, ich habe leider kein Haustier. Wie schade!

Was ist dein Lieblingstier? Ich habe zwei Lieblingstiere: Pferde und Katzen!

Wie viele Haustiere hast du? Drei, stell dir vor! Einen Hund, eine Katze und ein Huhn.

Wie ist dein Charakter? Ich bin hilfsbereit und sehr zuverlässig.

Wie siehst du aus? Ich bin klein, aber ziemlich muskulös!

Verstehst du dich gut mit deinem Vater? Nein. Er ist total stur und nie gut gelaunt. Ich mag ihn nicht.

Wann hast du Geburtstag? Am zwölften Mai.

2. Vul de ontbrekende woorden in

a. **Woher** kommst du? b. **Wie** alt ist dein Vater? c. **Wie** ist Julia (vom Charakter her)?

d. **Verstehst** du dich gut mit deiner Mutter? e. **Wann** ist dein Geburtstag? f. **Wie** ist dein Hund?

g. **Wie viele** Haustiere hast du?

3. Vertaal de volgende vraagwoorden naar het Nederlands

a. Welke? b. Wanneer? c. Waar? d. Hoe? e. Waar vandaan? f. Wie? g. Hoeveel? h. Wat? i. Waarom?

4. Vul in

a. Wie alt bist du? b. Woher kommst du? c. Wie sind deine Haustiere? d. Was ist dein Geburtstag?

e. Wie viele Haustiere hast du? f. Wo wohnst du? g. Verstehst du dich gut mit deinem Vater?

5. Vertaal naar het Duits

a. Wie heißt du? b. Wie alt bist du? c. Wie sehen deine Haare aus? d. Was ist dein Lieblingstier?

e. Verstehst du dich gut mit deinem Vater? f. Warum magst du deine Mutter nicht? g. Wie viele Haustiere hast du?

h. Woher kommst du?

Hoofdstuk 8 - Vertellen wat voor werk...

Tijd voor grammatica 5&6

Hoofdstuk 8. Vertellen wat voor werk mensen hebben: WOORDENSCHAT (Pagina 66)

1. Vul het ontbrekende woord in

a. Mein Vater ist **Krankenpfleger**. b. Meine Tante ist **Friseurin**. c. Mein großer Bruder arbeitet als **Mechaniker**.

d. Meine Mutter ist **Ärztin**. e. Meine große **Schwester** arbeitet als **Buchhalterin**. f. Mein **Onkel** ist **Anwalt**.

2. Combineer

langweilig – saai **vielfältig** – veelzijdig **schwierig** – moeilijk **anstrengend** – vermoeiend **spannend** – opwindend

stressig – stressvol **einfach** – eenvoudig **bereichernd** – verrijkend **interessant** – interessant **gut bezahlt** – goed betaald

3. Vertaal naar het Nederlands

a. Mijn moeder is advocate. b. Ze vindt haar werk niet leuk. c. Hij werkt in een garage. d. Mijn oom is boekhouder.

e. Ze vindt haar werk vermoeiend. f. Mijn nicht is kapster. g. Hij houdt van zijn werk, h. omdat het opwindend is.

4. Vul de ontbrekende letter in

a. einfach b. er liebt c. spannend d. Anwalt e. stressig f. er arbeitet als g. sie ist Ärztin h. mein Onkel

5. Anagrammen

a. Bauer b. Anwalt c. Lehrerin d. Schauspieler e. Ärztin f. Buchhalter g. Friseur h. Hausfrau

6. Gebroken woorden

a. Mein Onkel ist Hausmann. b. Er liebt seine Arbeit. c. Mein Vater ist Arzt. d. Er arbeitet in der Stadt.

e. Er mag seine Arbeit ... f. ..., weil sie spannend ist. g. Er findet sie bereichernd.

7. Vul een passend woord in

a. Meine Mutter ist **Ärztin/Friseurin/Köchin**. b. Meine **Mutter/Tante/Schwester** ist Ärztin.

c. Sie findet sie **stressig/vielfältig/spannend**. d. Mein Opa arbeitet als **Anwalt/Ingenieur/Lehrer**.

e. Er findet seine Arbeit **interessant/bereichernd/aufregend**. f. Er mag seine Arbeit **sehr**,

g. denn sie ist sehr **spannend/vielfältig**. h. Sie **mag** ihre Arbeit ... i. ..., weil sie **spannend/bereichernd/einfach** ist.

j. Meine Cousine arbeitet in einem **Supermarkt/Hotel/Restaurant**.

Hoofdstuk 8. Vertellen wat voor werk mensen hebben: LEZEN (Pagina 67)

1. Zoek het Duits voor de volgende woorden in de tekst van Olaf

a. Ich bin dreizehn Jahre alt. b. Ich habe auch einen Hund. c. Mein Vater arbeitet ... d. ... als Arzt ...

e. ... in der Stadt. f. Er mag seine Arbeit, g. weil sie bereichernd ist. h. Jedoch ist sie manchmal ...

i. er liebt seine Arbeit. j. superhart und schwierig

2. Beantwoord de vragen over ALLE teksten

a. Het paard van de nicht van Maike. b. De moeder van Nils. c. Fatima d. Olaf e. Fatima f. Olaf/Nils

3. Beantwoord de vragen over de tekst van Fatima

a. Keulen b. met haar moeder c. architect, maar werkloos d. omdat hij koppig en onvriendelijk is

e. omdat hij kinderen haat f. haar schildpad g. langzaam en grappig

4. Vul in

heiße – Jahre – wohne – Familie – ist – Koch – Restaurant – Arbeit – interessant – Vater – Hause – heißt

5. Vul onderstaande tabel in

Jessica: Leeftijd – **14** Stad – **Bern** dieren – **slang** beschrijving dieren – **ongevaarlijk**

Manu: Leeftijd – **30** Stad – **Barcelona** werk – **kok** beschrijving werk – **veelzijdig en interessant**

Hoofdstuk 8. Vertellen wat voor werk mensen hebben: VERTALEN   (Pagina 68)

1. Slechte vertaling: zoek en verbeter [IN HET NEDERLANDS] alle vertaalfouten hieronder

a. Mijn vader werkt als ~~kok~~ **acteur**. Hij vindt zijn werk leuk, ~~omdat het erg stressvol is~~ **want het is erg veelzijdig**. Hij werkt ~~op een school~~ **in een theater**.

b. Mijn ~~neef~~ **tante** werkt als zakenvrouw ~~in een theater~~ **op een kantoor**. Ze ~~haat het~~ **houdt van haar werk**, maar het is erg vermoeiend.

c. Mijn ~~oom~~ **vriend** Maik werkt als verpleger. Hij ~~woont~~ **werkt** in een ziekenhuis en hij vindt zijn werk leuk.

d. Mijn oom Gianfranco is ~~advocaat~~ **kok** in een Italiaans ~~toilet~~ **restaurant** en hij ~~haat~~ **houdt van** zijn werk.

e. Mijn moeder Angela is een ~~actrice~~ **boekhoudster** en werkt op een kantoor. Ze ~~houdt van~~ **haat** haar werk omdat het erg saai is.

2. Vertaal naar het Nederlands

a. Mijn oom werkt als ... b. Mijn tante werkt als ... c. huisvrouw d. verpleegster e. kapster f. monteur

g. Ze houdt van haar werk. h. Ze werkt in een garage. i. Hij werkt in een theater. j. in een school

k. Het werk is veelzijdig. l. Het is zwaar, maar veelzijdig.

3. Zinsdelen vertalen [Nederlands-Duits]

a. mein Bruder arbeitet b. als Bauer c. als Buchhalter d. er mag e. seine Arbeit f. weil es aufregend ist

g. und vielseitig h. aber es ist hart i. und es ist stressig

4. Zinnen vertalen [Nederlands-Duits]

a. Mein Bruder ist Mechaniker. b. Meine Schwester ist Geschäftsfrau. c. Mein Onkel ist Bauer und er liebt seine Arbeit.

d. Mein Bruder Peter arbeitet in einem Büro. e. Zu Hause habe ich eine Spinne, die Tim heißt.

f. Zu Hause habe ich einen Hund und eine kleine Katze. g. Meine Tante ist Krankenpflegerin. Sie mag ihre Arbeit ...

h. ..., weil es bereichernd ist.

Hoofdstuk 8. Vertellen wat voor werk mensen doen: SCHRIJVEN   (Pagina 69)

1. Gesplitste zinnen

Mein Bruder hat **eine kleine Katze**. Meine Tante ist **Lehrerin**. Mein Onkel arbeitet **als Mechanikerin**. Er mag **seine Arbeit**, weil sie **vielseitig ist**. Er arbeitet in **einer Werkstatt**. Sie arbeitet in **einer Schule**.

2. Schrijf telkens de woorden in de juiste volgorde [let op begin telkens met het onderstreepte woord]

a. Er mag seine Arbeit sehr. b. Er arbeitet als Buchhalter in einem Büro. c. Sie findet ihre Arbeit super.

d. Mein Onkel ist Bauer. e. Mein Bruder arbeitet in einem Theater. f. Mein Opa hasst seine Arbeit.

g. Meine Freundin ist Ärztin in einem Krankenhaus.

3. Zoek en verbeter de grammaticale fouten en de spelfouten [let op: soms ontbreekt er een woord]

a. Meine Mutter ist ~~Hausmann~~ **Hausfrau**. b. Sie **findet** ihre Arbeit sehr interessant. c. Meine Schwester arbeitet **als Ärztin**.

d. Sie hasst ihre Arbeit, weil sie ~~ist langweilig~~ **langweilig ist**. e. Sie arbeitet ~~in~~ **im** Krankenhaus in **der** Stadt.

f. Er mag ~~ihre~~ **seine** Arbeit, denn sie **ist** spannend. g. ~~Meine~~ **Mein** Vater findet seine Arbeit bereichernd.

h. Er mag seine Arbeit, weil sie gut bezahlt ist.

4. Anagrammen

a. Arzt b. bereichernd c. langweilig d. spannend e. Bauernhof f. Krankenhaus g. Lehrerin

5. Geleid schrijven - beschrijf in 3 alinea's onderstaande personen op basis van de gegevens [in de 1e persoon]

Anna: Ich heiße Anna. Meine Mutter arbeitet als Anwältin. Sie liebt ihre Arbeit, weil sie vielseitig und aufregend ist.

Luciano: Ich heiße Luciano. Mein Bruder arbeitet als Koch. Er hasst seine Arbeit, weil sie langweilig und anstrengend ist.

Marta: Ich heiße Marta. Meine Tante arbeitet als Ingenieurin. Sie mag ihre Arbeit, weil sie hart aber gut bezahlt ist.

6. Beschrijf deze persoon in het Duits in de 3e persoon:

Sie heißt Hanna. Sie hat blonde Haare und grüne Augen. Sie ist groß und hübsch. Sie ist fleißig. Sie arbeitet als Krankenpflegerin. Sie liebt ihre Arbeit, weil es stressig aber bereichernd ist.

1. Combineer

jij woont – du wohnst   **ik woon** – ich wohne   **hij woont** – er wohnt   **jullie wonen** – ihr wohnt   **zij wonen** - sie wohnen
zij woont – sie wohnt

2. Vul de juiste vorm in

a. Mein Bruder und ich **wohnen** in München.   b. Er **wohnt** in einer kleinen Wohnung.

c. Du **wohnst** in einem kleinen Haus.   d. Meine Eltern **wohnen** an der Küste.   e. Meine Großeltern **wohnen** in Berlin.

f. Wo **wohnst** du?   g. Warum **wohnt** ihr nicht in Köln?   h. Ich **wohne** im Stadtzentrum.

3. Vertaal naar het Nederlands

a. Ik werk altijd op kantoor.   b. Mijn ouders werken op een school.   c. Mijn broer en ik werken niet.

d. Zij werkt op een boerderij.   e. Wat voor werk doe jij?   f. Werken jullie in een restaurant?

4. Streep de verkeerde vorm door

Mein Bruder arbeitet ~~arbeite~~   **Mein Cousin** ~~arbeitest~~ arbeitet   **Meine Omas** arbeiten ~~arbeitest~~

Meine Tante arbeitet ~~arbeite~~   **Meine Tanten** arbeiten ~~arbeitet~~   **Du und ich** ~~arbeitest~~ arbeiten   **Wir** arbeiten ~~arbeite~~

Ihr ~~arbeite~~ arbeitet   **Mein Opa** ~~arbeitest~~ arbeitet   **Sie und er** ~~arbeitet~~ arbeiten

5. Vul de werkwoorden aan

a. Meine Mutter und ich wohn**en** in Köln.   b. Sie arbeit**et** als Krankenschwester.   c. Mein Vater wohn**t** in Leipzig.

d. Er arbeit**et** als Mechaniker in der Stadt.   e. Ihr arbeit**et** nie!   f. Meine Großeltern wohn**en** in einer Wohnung.

g. Wohn**st** du in der Stadt oder auf dem Land?   h. Meine Freundin arbeit**et** im Krankenhaus.   i. Du arbeit**est** nicht!

6. Vul de juiste vorm van WOHNEN of ARBEITEN in

a. Meine Oma **wohnt** in einem Haus am Stadtrand.   b. Sie **arbeitet** nicht mehr.

c. Meine Tante und ihr Mann **wohnen** in Hannover.   d. Sie **arbeiten** als Ingenieure in einem Büro.

e. Meine Schwester und ich **wohnen** in München.   f. Wir **arbeiten** zusammen in einem Restaurant.

g. Du **wohnst** in Berlin, richtig?   h. **Arbeitest** du in einem Büro oder in einer Fabrik?   i. Ich **arbeite** in einem Theater.

Andere werkwoorden zoals WOHNEN (Pagina 72)

7. Vul telkens de juiste uitgang in van de werkwoorden in het grijze vak links hiernaast

a. Ich lieb**e** meine Großeltern.   b. Er komm**t** aus der Schweiz.   c. Wir hör**en** immer Rap.   d. Das mach**t** Sinn!

e. Was frühstück**st** du?   f. Meine Schwester üb**t** Gitarre.   g. Meine Freunde tanz**en** Salsa.   h. Sie trink**en** keinen Kaffee.

i. Herr Maier, spiel**en** Sie Gitarre?   j. Heute lern**t** ihr Deutsch!   k. Morgen geh**en** wir ins Kino.

Hoofdstuk 8a. FINDEN + LIJD. VW. gebruiken om een mening te uiten: Training (Pagina 73)

1. Combineer

ich finde es – ik vind het   **sehr gut** – erg goed   **schlecht** – slecht   **wir finden es** – wij vinden het
furchtbar – verschrikkelijk   **du findest es** – jij vindt het

2. Vul de juiste vorm van FINDEN in

a. Ich **finde** meinen Job super.   b. Er **findet** seinen Job sehr nervig.   c. Meine Schwester **findet** ihren Job prima.

d. Wir **finden** unseren Job sehr gefährlich.   e. Wie **findest** du deinen Job?   f. Wie **findet** ihr eure Arbeit?

g. Mein Bruder **findet** seine Arbeit klasse.   h. Meine Tante **findet** ihre Arbeit okay.

j. Meine Eltern **finden** meine Arbeit super.

3. Kies het juiste lidwoord of bezittelijk voornaamwoord

a. Ich finde **den** Job cool.   b. Er findet **die** Arbeit toll.   c. Ich finde **meinen** Onkel nett.   d. Er findet **ihn** nicht nett.

e. Er findet **seine** Arbeit prima.   f. Meine Oma findet **ihren** Job okay.   g. Ich finde **meine** Eltern nett.

h. Sie findet **ihre** Spinne cool.   i. Ich finde **sie** gefährlich.   j. Ich finde **meinen** Hund cool.   k. Wie findest du **mein** Auto?

l. Ich finde **es** total cool!

4. Zoek de fouten en verbeter (controleer werkwoord + naamwoordgroep, max 2 fouten per zin)

a. Ich ~~findest~~ **finde** ~~die~~ **den** Job langweilig.   b. Ich finde ~~meine~~ **meinen** Onkel cool.

c. Meine Mutter ~~finde~~ **findet** ~~ihren~~ **ihre** Arbeit super.   d. Wie ~~finde~~ **findest** du deinen Job?

e. Ich finde ~~meine~~ **meinen** Vater nett.   f. Wie ~~finde~~ **findet** ihr ~~meine~~ **meinen** Hund?

g. Ich ~~finden~~ **finde** ~~dein~~ **deinen** Hund sehr lustig.   h. Meine Schwester ~~find~~ **findet** ~~sein~~ **ihre** Arbeit toll.

5. Vertaal naar het Duits

a. Ich finde meine Arbeit interessant.   b. Ich finde meinen Onkel sehr cool.   c. Er findet seine Arbeit furchtbar.

d. Sie findet ihre Arbeit aufregend.   e. Ich finde meine Tante lustig.   f. Mein Vater findet sie nervig.

g. Wie findest du deine Kollegen?   h. Ich finde ihn fantastisch!

Tijd voor grammatica 6: SEIN Deel 2 Tegenwoordige tijd van "sein" en beroepen   (Pagina 75)
Training

1. Combineer

ich – bin   **wir** – sind   **du** – bist   **ihr** – seid   **sie (ev)** – ist   **sie (mv)** – sind

2. Vul de ontbrekende vorm van SEIN in

a. Meine Mutter und ich **sind** Ärztinnen.   b. Meine Brüder **sind** Piloten.   c. Meine Schwester **ist** Musikerin.

d. Meine Eltern und ich **sind** Journalisten.   e. **Bist** du Anwältin?   f. Nein, ich **bin** Feuerwehrfrau.

g. Ihr **seid** Wissenschaftlerinnen.   h. Wir **sind** YouTube-Influencer.   i. Ihr **seid** Fußballprofis, richtig?

j. Meine Onkel **sind** Sänger in einer Band.

3. Vertaal naar het Nederlands

a. Wij zijn elektriciëns.   b. Zij zijn agenten.   c. Ben je een actrice?   d. Hansi is een politicus.   e. Zij zijn chefkoks.

f. Ik ben agent.   g. Zijn jullie verplegers?   h. Wij zijn brandweerlieden.   i. Mijn vader en ik zijn bakker.

j. Zijn jullie leraren?   k. Ik ben kok.

4. Vertaal naar het Duits (eenvoudig)

a. Mein Vater ist Arzt.   b. Meine Eltern sind Lehrer.   c. Mein Onkel ist Anwalt.   d. Ich bin Mechaniker.

e. Meine Cousins sind Ingenieure.   f. Meine Tante ist Sängerin.   g. Mein Freund Hansi ist Schauspieler.

5. Vertaal naar het Duits (moeilijker)

a. Mijn Bruder ist groß und hübsch. Er ist Schauspieler.

b. Meine Schwester ist sehr intelligent und immer fleißig. Sie ist Geschäftsfrau.

c. Mein kleiner Bruder ist sehr sportlich und aktiv. Er ist Fitnesstrainer.

d. Meine Mutter ist sehr stark und fleißig. Sie ist Arzt.

e. Mein Vater ist sehr geduldig, ruhig und organisiert. Er ist Buchhalter.

Hoofdstuk 9 - Het uiterlijk en karakter van mensen vergelijken

Even herhalen 2

Hoofdstuk 9. Mensen vergelijken: WOORDENSCHAT OPBOUWEN (Pagina 78)

1. Vul het ontbrekende woord in

a. Mein Vater ist größer **als** mein Onkel Dieter. b. Meine Mutter ist **nicht so** sportlich wie meine Tante.

c. Mein **Opa** ist kleiner als **mein** Vater. d. Meine Cousins **sind** fauler als **wir**.

e. Mein Hund ist **lauter** als meine **Katze**. f. Meine Tante ist nicht so **schön** wie **meine** Mutter.

g. Mein **Bruder** ist **fleißiger** als ich. h. Meine Freunde sind **netter** als meine Eltern.

i. Mein großer Bruder ist **genauso** groß **wie** ich.

2. Vertaal naar het Nederlands

a. mijn nichten b. aardiger c. mijn oom d. mijn grootouders e. mijn tante f. mijn beste vriend g. ijverig

h. mijn vriendin i. groot j. ouder k. betrouwbaarder l. lui

3. Combineer

fleißig – ijverig **gutaussehend** – knap **nett** – aardig **stark** – sterk **sportlich** – sportief **alt** – oud **doof** – stom

4. Zoek en verbeter alle Nederlandse vertaalfouten

a. Hij is ~~langer~~ **ouder** dan jij. b. Zij is net zo ~~knap~~ **ijverig** als ik. c. Hij is ~~sterker~~ **rustiger** dan ik.

d. Ik ben ~~net~~ **niet** zo mollig als hij. e. Zij zijn ~~korter~~ **kleiner** dan ~~wij~~ **jullie**. f. ~~Zij is~~ **Ik ben** net zo oud als hij.

g. Jij bent ~~sportiever dan~~ **net zo sportief als** ik.

5. Vul een passend woord in

a. Meine Mutter ist älter als meine **Tante/Schwester**. b. **Mein** Vater **ist** jünger als mein Onkel.

c. Meine Eltern **sind** genauso **groß/nett/sportlich** wie meine Großeltern.

d. **Meine** Brüder **sind** sportlicher als meine Cousins. e. Mein **Hund** ist nicht so laut **wie** meine Katze.

f. Meine Oma **ist** genauso großzügig wie mein **Opa**. g. Meine Freundin ist **genauso** hübsch wie meine **Schwester**.

h. Mein Onkel ist **nicht** so stark **wie** mein **Vater**.

6. Combineer de tegenstellingen

gutaussehend – hässlich **fleißig** – faul **jung** – alt **groß** – klein **nett** – gemein **großzügig** – geizig

sportlich – unsportlich **schlank** – pummelig

Hoofdstuk 9. Mensen vergelijken: LEZEN (Pagina 79)

1. Vind het Duits voor de volgende woorden in de tekst van Laura

a. ich wohne in b. meine Eltern c. hübscher d. fleißiger e. Beide sind f. sehr nett g. Außerdem h. nicht so stur

i. zwei Haustiere j. total süß k. Genauso laut wie l. Zu Hause haben wir

2. Vul onderstaande beweringen aan op basis van de tekst van Miriam

a. Ik ben **20** jaar oud. b. Julia is veel **mooier** dan Vero. c. Vero is veel **aardiger**. d. Mijn ouders zijn echt **lief**.

e. Ik ben net zo **ontspannen** als mijn vader. f. Wij hebben **twee** huisdieren. g. Beide zijn nogal **mollig**.

h. Mijn hond is **luier** dan mijn konijn. i. Ik woon in **Salzburg**.

3. Verbeter alle onderstaande beweringen (over de tekst van Jan) die niet correct zijn

a. Jan hat ~~drei~~ **zwei** Haustiere. b. Stefan ist nicht so pummelig wie Max. **(correct)**

c. Max ist nicht so klein wie Stefan. **(correct)** d. Jan ist genauso frech wie sein ~~Meerschwein~~ **Wellensittich**.

e. Jan mag ~~seinen Vater~~ **seine Mutter** mehr als ~~seine Mutter~~ **sein Vater**.

f. Jan ist ~~aktiver als~~ **genauso aktiv wie** seine Mutter.

4. Beantwoord de vragen over de drie teksten

a. in Mainz   b. zijn vader   c. Laura.   d. Miriam.   e. Laura   f. Miriam   g. Jan   h. Stefan

i. Stefan is slanker en sportiever dan Max, maar Max is groter en sterker dan Stefan.

Hoofdstuk 9. Mensen vergelijken: VERTALEN/SCHRIJVEN   (Pagina 80)

1. Vertaal naar het Nederlands

a. groot   b. slank   c. klein   d. irritant   e. intelligent   f. koppig   g. grappig   h. niet zo ... als   i. serieus   j. groter dan

k. niet zo ijverig   l. net zo ... als   m. betrouwbaar   n. aardiger dan

2. Vul de ontbrekende woorden in

a. Meine **Oma** ist **größer** als mein **Opa**.   b. **Mein** Vater **ist** nicht so **stark** wie mein großer Bruder.

c. Meine **Cousins** sind **sportlicher** als wir.   d. **Meine** Schwester ist **fleißiger** als **ich**.

e. Meine Mutter ist **genauso** nett **wie** mein Vater.   f. Mein **Onkel** ist viel **geschwätziger** als wir.

g. Meine **Freundin** ist nicht so **ernst wie** ich.   h. Mein **Papagei** ist **frecher als** meine kleine **Schwester**.

3. Woordgroepen vertalen [Nederlands-Duits]

a. Meine Mutter ist   b. länger als   c. nicht so schlank wie   d. nicht so stur wie   e. Ich bin kleiner als   f. Meine Eltern sind

g. Meine Cousins sind   h. nicht so pummelig wie   i. Sie sind genauso stark wie   j. Meine Großeltern sind

k. Ich bin nicht so faul wie

4. Zinnen vertalen [Nederlands-Duits]

a. Meine große Schwester ist netter als meine kleine Schwester.   b. Mein Vater ist genauso stur wie meine Mutter.

c. Meine Freundin ist fleißiger als ich.   d. Ich bin nicht so intelligent wie mein Bruder.

e. Mein bester Freund ist stärker und sportlicher als ich.   f. Mein Freund ist nicht so hübsch wie ich.

g. Meine Cousins sind hässlicher als wir.   h. Mein Wellensittich ist lauter als meine Katze.

i. Meine Schildkröte ist lustiger als mein Hund.   j. Mein Kaninchen ist nicht so pummelig wie mein Meerschwein.

Even Herhalen 2: Familie, Huisdieren en Beroepen   (Pagina 81)

1. Combineer

Lehrerin – lerares   **Anwältin** – advocate   **Krankenpfleger** – verpleger   **Koch** – kok   **Arzt** – dokter

Flugbegleiterin – stewardess   **Feuerwehrleute** – brandweerlieden   **Informatiker** – IT-medewerker

Schauspielerin – actrice

2. Sorteer onderstaande woorden naar categorie in de tabel

Beschreibungen: b, d, e, k, l, r, t   **Tiere:** m, q, s   **Berufe:** a, c, g, h, n   **Familie:** f, i, j, o, p

3. Vul het ontbrekende bijvoeglijk naamwoord in

a. Mein Bruder ist **pummelig**.   b. Meine Schwester ist **groß**.   c. Mein Onkel ist **klein**.   d. Meine Freundin ist **hübsch**.

e. Mein Opa ist **nervig**.   f. Mein Sportlehrer ist **langweilig**.

4. Vul de ontbrekende zelfstandige naamwoorden in

a. Meine Mutter arbeitet als **Anwältin**.   b. Meine Tante ist **Krankenpflegerin**.   c. Mein bester Freund ist **Journalist**.

d. Meine Cousine ist **Flugbegleiterin**.   e. Mein Cousin ist **Student**.   f. Ich arbeite als **Arzt**.

g. Dieter arbeitet als **Geschäftsmann**.   h. Meine Oma ist **Sängerin**.

5. Combineer de tegenstellingen

groß – klein   **hübsch** – hässlich   **pummelig** – schlank   **faul** – fleißig   **intelligent** – dumm   **laut** – ruhig   **gemein** – nett

geduldig – ungeduldig

6. Vul onderstaande getallen aan

a. vier**zehn**   b. vier**zig**   c. sech**zig**   d. sieb**zehn**   e. einund**zwanzig**   f. drei**ßig**

7. Vul het juiste werkwoord in

a. Meine Mutter **ist** sehr groß.   b. Ich **habe** schwarze Haare.   c. Ich **arbeite** als Klempner.   d. Mein Vater **ist** 40 Jahre alt.

e. Wie viele Personen **gibt** es in deiner Familie?   f. Meine Brüder **sind** groß.   g. Mein Opa **arbeitet** nicht mehr.

h. Meine Freundin **heißt** Mia.

Hoofdstuk 10 - Vertellen wat zich in mijn schooltas / klaslokaal bevindt
Tijd voor Grammatica 7&8

Hoofdstuk 10. Vertellen wat er in mijn schooltas zit: WOORDENSCHAT (Pagina 84)

1. Combineer

ich habe – ik heb   **ein Radiergummi** – een gum   **einen Kalender** – een agenda   **einen Kuli** – een balpen

einen Bleistift – een potlood   **eine Schere** – een schaar   **kein Lineal** – geen lineaal   **keinen Stuhl** – geen stoel

ich brauche – ik heb nodig   **keine Brotdose** – geen broodtrommel

2. Vul de ontbrekende letter in

a. ich habe   b. einen Spitzer   c. ich brauche   d. einen Bleistift   e. ein Heft   f. mein Freund   g. keine Schere   h. eine Tafel

3. Vul het ontbrekende woord in

a. In meiner Schultasche habe ich ein **Heft**.   b. Ich brauche ein **Radiergummi**.   c. Ich habe **keinen** Kuli.

d. Mein Freund **hat** ein Blatt Papier.   e. Ich **habe** einen Taschenrechner.   f. Ich brauche einen **Stuhl**.

g. Ich habe kein **Lineal**.   h. Mein Freund hat **keine** Schere.

4. Vertaal naar het Nederlands

a. Ik heb geen schaar.   b. Er zijn veel tafels.   c. Ik heb geen schrift.   d. Zij heeft een potlood.   e. Ik heb een gum

f. Ik heb een agenda nodig.   g. Mijn vriend heeft een woordenboek.   h. Ik heb geen rekenmachine.

5. Anagrammen schoolspullen

a. Bleistift   b. Kuli   c. schwarz   d. grün   e. Schere   f. mein Freund   g. keine Schere   h. eine Tafel

6. Gebroken woorden

a. In meiner Tasche habe ich ein Federmäppchen.   b. Ich habe auch ein Lineal.   c. Ich habe kein Radiergummi.

d. Ich brauche einen Spitzer.   e. Es gibt eine Tafel.   f. Mein Freund Max hat ein Wörterbuch.

g. Ich brauche einen Filzstift.

7. Vul een passend woord in

a. Ich habe ein **Buch/Heft/Lineal**.   b. Ich **habe/brauche** einen Kuli.   c. **Rot/Blau** ist mein Lieblingsfarbe.

d. Ich habe keine **Schere/Brotdose**.   e. Die Tasche ist **neu/praktisch/weiß/lila**.   f. Mein Kuli ist **kaputt/grün/blau**.

g. Meine **Brotdose** ist schön.   h. Meine **Freundin** hat eine Brotdose.   i. Mein **Freund** hat kein Heft.

j. Die **Bleistifte/Kulis/Hefte** sind rot.   k. Es gibt **eine/keine** Tafel.

Hoofdstuk 10. Vertellen wat er in mijn tas zit: LEZEN (Pagina 85)

1. Vind het Duits voor onderstaande woorden in de tekst van Lisa.

a. Ich bin zwölf Jahre alt.   b. ich wohne in Luzern.   c. In meiner Familie gibt es   d. In meiner Tasche habe ich

e. ein gelbes Heft   f. ein rotes Lineal   g. Ich liebe   h. nur einen Bleistift   i. in ihrer Tasche   j. ein graues Pferd

2. Vind iemand die: welke persoon ...

a. Peter   b. Peter   c. Paul   d. Deniz   e. Anne

3. Beantwoord de volgende vragen over Deniz

a. in Keulen   b. De broer van Deniz   c. 20   d. Ze vindt de klas mooi.   e. niets   f. een konijn   g. grappig en wit

4. Vul de ontbrekende woorden in

a. heiße   b. Jahre   c. wohne   d. gibt   e. Klasse   f. Computer   g. Tafel   h. Wörterbücher   i. Tasche   j. Bleistift   k. roten

l. Radiergummi   m. Freundin   n. Sachen   o. Lineal   p. Lehrer   q. nett   r. eine

5. Vul onderstaande tabel in

Peter: Leeftijd – 15   **Stad** – Innsbruck   **Spullen in tas** – een blauw potlood, een gele lineaal, een blauwe puntenslijper en een witte gum

Paul: Leeftijd – 13   **Stad** – Stuttgart   **Spullen in tas** – een potlood, een rekenmachine en een agenda

1. Slechte vertalingen: vind en verbeter [in het Nederlands] alle vertaalfouten hieronder

a. In mijn klas ~~is~~ **zijn** er ~~een schoolbord~~ **twee schoolborden** en een computer. Ik mag mijn leraar **niet**.

b. In mijn etui heb ik een ~~rood~~ **groen** potlood, een ~~groene~~ **blauwe** puntenslijper, maar geen ~~gum~~ **lineaal**.

c. Mijn vriend Dieter heeft ~~vijf~~ **vier** personen in zijn familie. Hij heeft een ~~zwarte~~ **rode bal**pen en een agenda nodig.

d. Ik heb ~~papier~~ **een schrift** en een ~~gum~~ **plakstift** nodig. Ik heb geen lineaal ~~of een potlood~~ **en geen balpen**. Ik ~~haat~~ **houd van** mijn leraar!

e. In mijn klas zijn er dertig ~~katten~~ **tafels** en dertig stoelen. Ik heb al een ~~balpen~~ **woordenboek**, maar ik heb een rekenmachine nodig.

2. Vertaal naar het Nederlands

a. ik heb nodig   b. Ik heb een rood potlood.   c. Ik heb een blauwe balpen.   d. Ik heb een groene lineaal.

e. Ik heb thuis een hond.   f. Mijn vriend heeft een boek.   g. in mijn etui   h. Ik mag mijn leraar.   i. Ik heb gele potloden.

j. een groot schoolbord   k. Ik heb veel spullen.   l. Ik heb geen puntenslijper.   m. Ik heb een woordenboek nodig.

3. Woordgroepen vertalen [Nederlands - Duits]

a. Ich habe   b. ein rotes Heft   c. einen blauen Bleistift   d. Ich brauche   e. Ich liebe/mag   f. Es gibt   g. dreißig Stühle

h. Mein Freund hat

4. Zinnen vertalen [Nederlands-Duits]

a. Es gibt zwanzig Tische.   b. Es gibt eine Tafel.   c. Mein Lehrer ist nett.   d. Ich habe ein paar blaue Kulis.

e. Ich habe viele grüne Bleistifte.   f. Ich brauche ein Radiergummi und einen Spitzer.

g. Ich brauche einen Stuhl und ein Buch.   h. Meine Klasse ist sehr groß und schön.   i. Mein Vater ist Lehrer.

Hoofdstuk 10. Vertellen wat er in mijn schooltas zit: SCHRIJVEN (Pagina 87)

1. Gesplitste zinnen

Ich habe eine **rote Schere**.   Ich habe keinen **Taschenrechner**.   Meine Klasse **ist sehr groß**.   Es gibt dreißig **Stühle**.

Mein Freund braucht ein **rotes Heft**.   Ich mag **meinen Lehrer**.   In meiner Tasche habe **ich viele Sachen**.

2. Schrijf de woorden van de zinnen in de juiste volgorde

a. Ich brauche einen Taschenrechner.   b. Ich habe einen Kuli und ein Lineal.   c. Meine Klasse ist sehr groß.

d. Mein Freund hat ein weißes Lineal.   e. Ich habe keinen blauen Kalender.   f. Zu Hause habe ich eine Schildkröte.

g. Mein Vater ist Arzt und er arbeitet in einem Krankenhaus.

3. Zoek en verbeter de grammaticale fouten en de spelfouten

a. In meiner Klasse gibt **es** zwanzig Stühle.   b. Ich habe **einen** schwarzen Taschenrechner.

c. In mein**er** Tasche habe ich nicht viele Sachen.   d. Mein Freund braucht ein**e** rote Schere.

e. Ich brauche ein Heft und einen Kuli.   f. Mein Freund Mario hat viele bunte Filzstift**e**.

g. Meine Mutter ist Mechaniker**in** und sie arbeitet in der Stadt.

h. Ich bin sehr groß. Ich habe blond**e** Haare und grüne Augen.

4. Anagrammen

a. Bleistift   b. Tafel   c. Kuli   d. Tische   e. Taschenrechner   f. Füller   g. Lineal

5. Geleid schrijven – beschrijf onderstaande personen in 3 korte alinea's op basis van de details in de tabel [ik]

Natalie: Ich heiße Natalie. Ich wohne in Bern. Ich habe ein Heft aber keinen Kuli. Ich brauche einen Kalender.

Anton: Ich heiße Anton. Ich wohne in Graz. Ich habe ein Lineal aber keinen Bleistift. Ich brauche ein Blatt Papier.

Julia: Ich heiße Julia. Ich wohne in Hamburg. Ich habe Filzstifte aber keinen Spitzer. Ich brauche einen Klebstift.

6. Beschrijf deze persoon in het Duits

Er heißt Thomas. Er hat ein schwarzes Kaninchen. Er hat braune Haare und blaue Augen. Er hat einen Kuli, einen Bleistift, ein Lineal, ein Radiergummi und eine Brotdose. Er hat keinen Spitzer, kein Papier und keinen Stuhl. Seine Lieblingsfarbe ist rot.

THE LANGUAGE GYM

Tijd voor Grammatica 7: HABEN + onbepaald lidwoord + zelfstandig naamwoord
Tegenwoordige tijd van HABEN + onbepaald lidwoord: Training (1)   (Pagina 89)

1. Combineer

ich habe – ik heb   **wir haben** – wij hebben   **du hast** – jij hebt   **er/sie hat** – hij/zij heeft   **ihr habt** – jullie hebben
sie haben – zij hebben

2. Vul de ontbrekende vorm van HABEN in

a. Ich **habe** keine Haustiere.   b. Wir **haben** eine graue Katze.   c. Sie **haben** zwei Schildkröten.   d. **Hast** du Geschwister?
e. **Habt** ihr Haustiere?   f. Er **hat** ein Meerschweinchen.   g. Oma **hat** keine Haustiere.   h. Wir **haben** keine Haustiere.

3. Vul de vormen van HABEN in de tegenwoordige tijd in

ich **habe**   du **hast**   er, sie, es **hat**   wir **haben**   ihr **habt**   sie, Sie **haben**

4. Voeg de juiste vorm van HABEN toe

a. Meine Brüder **haben** einen Hamster.   b. Mein Onkel **hat** einen Papagei.   c. Ich **habe** ein Buch.   d. **Hast** du ein Pferd?
e. **Habt** ihr Fische zu Hause?   f. Meine Eltern **haben** eine Schlange, stell dir vor!   g. Ich **habe** eine süße Katze.
h. Er **hat** eine kleine Schwester.

5. Vul de ontbrekende vorm van HABEN in

a. Mein Bruder **hat** blaue Augen.   b. Meine Mutter **hat** lange blonde Haare.   c. Meine Eltern **haben** braune Augen.
d. Mein Onkel Paul **hat** keine Haare.   e. **Hast** du blaue oder braune Augen?   f. Ihr **habt** sehr schöne Haare!
g. Ich **habe** leider kein Haustier, aber ...   h. ... mein Bruder **hat** ein Meerschweinchen.

6. Vertaal naar het Duits

a. Mein Vater hat blaue Augen.   b. Ich habe keine Haustiere.   c. Ich habe keinen Bruder.
d. In meinem Federmäppchen habe ich ein Lineal.   e. Hast du Bleistifte?   f. Ich habe zu Hause einen Hund.
g. Meine Mutter hat blonde Haare.   h. Mein Vater ist achtunddreißig.   i. Wie alt bist du?

Tegenwoordige tijd van HABEN + onbepaald lidwoord Training (2)   (Pagina 90)

7. Vertaal het persoonlijk voornaamwoord en het werkwoord naar het Duits

Ik heb – **Ich habe**   Jij hebt – **Du hast**   Zij heeft – **Sie hat**   Hij heeft – **Er hat**   Het heeft – **Es hat**
Wij hebben – **Wir haben**   Jullie hebben – **Ihr habt**   Zij hebben – **Sie haben**

8. einen, eine of ein?

a. Wir haben **einen** Papagei.   b. Ich habe **ein** Heft.   c. Mein Bruder hat **eine** Katze.   d. Ich hätte gern **einen** Kalender.
e. Wir haben **eine** Schildkröte.   f. Ich habe **keine** Haustiere.   g. Hast du **einen** Bruder oder eine Schwester?

9. Vertaal naar het Duits. Onderwerp: Familieleden

a. Ich habe keinen Onkel.   b. Wir haben zwei Brüder.   c. Meine Mutter hat keine Geschwister.   d. Hast du Großeltern?
e. Habt ihr Freunde?   f. Ich habe keinen Bruder.

10. Vertaal naar het Duits. Onderwerp: Huisdieren

a. Ich habe eine Schildkröte.   b. Wir haben ein Pferd.   c. Er hat zwei Hunde.   d. Sie haben fünf Fische.
e. Hast du ein Kaninchen?   f. Meine Mutter hat einen Frosch.

11. Vertaal naar het Duits. Onderwerp: Haar en ogen

a. Ich habe schwarze Haare.   b. Wir haben blaue Augen.   c. Sie hat lockige Haare.   d. Meine Mutter hat blonde Haare.
e. Hast du graue Augen?   f. Sie haben grüne Augen.   g. Mein Bruder hat braune Augen.   h. Wir haben keine Haare.
i. Ihr habt schöne Augen.   j. Meine Eltern haben rote Haare.   k. Du hast keine Haare.
l. Meine Schwester hat sehr lange Haare.

Tijd voor Grammatica 8: HABEN + onb. lidw. + bijv. nw. + zelfst. nw. Training   (Pagina 92)

1. Vul de tabel in

alt – **oud**   **schmutzig** – vies   **grün** – groen   praktisch – **handig**   schön – **mooi**   **braun** – bruin   **hellblau** – lichtblauw

kaputt – **kapot**   **rot** – rood

2. Vertaal naar het Nederlands

a. Ik heb een nieuwe vulpen.   b. Ik heb een blauwe broodtrommel.   c. Mijn vriend heeft een groen schrift.

d. Ik heb geen lineaal.   e. Wij hebben veel nieuwe woordenboeken.   f. Ik zou graag een nieuwe etui hebben.

g. Ik heb geen mooie waterflessen.   h. Jij hebt een oude schaar.   i. Zij heeft een nieuwe gum.   j. Er zijn vieze tafels.

3. Geef de juiste verbuiging van het bijvoeglijk naamwoord

a. einen schön**en** Filzstift   b. eine neu**e** Schere   c. rote Kulis   d. keinen sauber**en** Stuhl   e. ein grün**es** Heft

f. hellblaue Bleistifte   g. keine kaputt**en** Stühle   h. neu**e** Tische   i. einen hässlich**en** Füller

4. Vul het ontbrekend bijvoeglijk naamwoord in

a. Ich habe eine **rote** Schultasche.   b. Ich habe einen **kaputten** Kuli.   c. Ich habe einen **neuen** Füller.

d. Ich habe ein **gelbes** Lineal.   e. Ich habe ein **weißes** Papier.   f. Ich habe zwei **rote** Scheren.   g. Ich habe **blaue** Stifte.

h. Ich habe eine **schwarze** Tasche.

5. Vertaal naar het Duits

a. Ich habe   b. ein schwarzes Lineal   c. eine grüne Schultasche   d. ein gelbes Federmäppchen   e. zwei grüne Lineale

f. zwei blaue Scheren   g. zwei weiße Hefte.

6. Vertaal naar het Duits

a. Ich habe einen roten Kuli und einen blauen Füller.   b. Paul hat eine grüne Schultasche.

c. Hast du ein weißes Federmäppchen?   d. Habt ihr rote Filzstifte?   e. Ich brauche ein rosarotes Papier.

f. Wir haben ein gelbes Heft.   g. Er hat ein schwarzes und ein weißes Lineal.

Hoofdstuk 11 (Deel 1)

Vertellen over voedsel: Voorkeur/Afkeer/Redenen

Tijd voor Grammatica 9

Hoofdstuk 11. Vertellen over voedsel (Deel 1): WOORDENSCHAT (Deel 1) (Pagina 95)

1. Combineer

Erdbeeren – aardbeien   **Fleisch** – vlees   **Gemüse** – groenten   **Hähnchen** – kip   **Wasser** – water   **Milch** – melk

Eier – eieren   **Erbsen** – erwten   **Hamburger** – hamburgers   **Obst** – fruit   **Äpfel** – appels

2. Vul in

a. Ich esse gern **Hähnchen**.   b. Ich esse lieber **Krabben**.   c. Ich esse nicht gern **Äpfel**.   d. Ich trinke am liebsten **Milch**.

e. Ich trinke lieber **Kaffee**.   f. Ich **trinke** gern Wasser.   g. Ich **esse** nicht gern Tomaten.   h. Ich hasse **Saft**.

i. Ich mag **Obst** nicht.   j. Ich liebe **Eier**.

3. Vertaal naar het Nederlands

a. Ik eet graag fruit.   b. Ik eet niet graag eieren.   c. Ik eet het liefst erwten.   d. Ik houd van hamburgers.

e. Ik houd niet van vlees.   f. Ik eet liever sinaasappels.   g. Ik eet niet graag tomaten.   h. Koffie smaakt mij niet.

4. Vul de woorden aan

a. Ei**er**   b. Bana**nen**   c. Erb**sen**   d. Gem**üse**   e. Ham**burger**   f. Krab**ben**   g. Äp**fel**   h. Wa**sser**

5. Gebroken woorden

a. **Ich esse gern Nudeln.**   b. **Ich trinke gern Wasser.**   c. **Ich esse nicht gern Fleisch.**   d. **Ich mag Schokolade.**

e. **Ich esse am liebsten Gemüse.**   f. **Ich esse gern Äpfel.**   g. **Ich finde Milch lecker.**   h. **Ich liebe Kartoffeln.**

6. Vertaal naar het Duits

a. Ich esse gern Eier.   b. Ich esse lieber Orangen.   c. Ich esse total gern Gemüse.   d. Ich esse nicht gern Fleisch.

e. Ich mag Obst.   f. Ich mag Gemüse nicht.   g. Ich hasse Milch.

Hoofdstuk 11. Vertellen over voedsel (Deel 1): WOORDENSCHAT (Deel 2) (Pagina 96)

1. Vul de ontbrekende woorden in. De eerste letter van elk woord is gegeven.

a. Ich finde Bananen sehr **lecker**.   b. Ich **finde** Äpfel sehr **erfrischend**.   c. Ich finde Hähnchen **ekelhaft**.

d. Ich mag **Fleisch** gar nicht.   e. Ich trinke lieber **Kaffee** als **Tee**.   f. Hamburger sind **ungesund**.

g. Salat ist ziemlich **gesund**.   h. Ich esse keinen **Reis**.   i. Ich esse am liebsten **Kuchen**.

j. Ich trinke gern **Kakao**, weil es süß ist.

2. Vul de tabel in

Milch – **melk**   Hähnchen – kip   Gemüse – **groenten.**   Eier – **eieren**   Tee – thee   **Brot** – brood

Kartoffeln – **aardappelen**   Reis – **rijst**   Nudeln – pasta

3. Anagrammen

a. Äpfel   b. Milch   c. Erdbeeren   d. Brot   e. Gemüse   f. Nudeln   g. Wasser   h. Tee   i. Saft   j. Hähnchen   k. Reis

l. Kartoffeln

4. Gebroken woorden

a. **Ich esse am liebsten Eier.**   b. **Ich esse lieber Salat.**   c. **Ich liebe Kartoffeln.**   d. **Reis ist sehr gesund.**

e. **Ich finde Kaffee ungesund.**   f. **Fisch ist lecker.**   g. **Indisches Essen ist scharf.**   h. **Schokolade ist süß.**

5. Vul in elke zin een passend woord in

a. **Hamburger** sind nicht gesund.   b. Kaffee ist sehr **langweilig/geschmackvoll**.   c. Ich mag **Fleisch/Fisch** nicht.

d. Ich liebe **Obst** und **Gemüse**.   e. Meine Mutter isst gern **Nudeln**.   f. Ich esse nicht gern **Hamburger**, weil es **fettig** ist.

g. Ich esse lieber **Äpfel**, denn es ist **gesund**.   h. Findest du Gemüse **lecker**?

Hoofdstuk 11. Vertellen over voedsel (Deel 1): LEZEN (Pagina 97)

1. Vind het Duits voor de volgende woorden in de tekst van Nils

a. Ich liebe Meeresfrüchte.   b. ich esse gern Krabben.   c. superlecker   d. reich an Proteinen   e. Lachs

f. Außerdem esse ich gern   g. besonders   h. so süß   i. Jedoch

2. Vind het Duits voor de volgende woorden in de tekst van Freddie

a. Was ich gern esse?   b. zum Beispiel   c. sehr nahrhaft   d. Aber ich esse nicht gern   e. Jedoch esse ich gern

f. besonders Bananen   g. denn sie schmecken   h. Ich hasse sie   i. obwohl es nicht gesund ist

3. Vul de zinnen in op basis van de tekst van Alex

a. Alex houdt van **groenten**.   b. Hij eet ze **elke dag**.   c. zijn favoriete groenten zijn **spinazie** en **Tomaten en maïs**.

d. Hij eet ook graag **fruit** omdat het **gezond en lekker** is.   e. Hij haat **vlees en vis**.

4. Vul onderstaande tabel over Jana in

Eet het liefst – pasta   **Eet erg graag** – fruit   **Haat** – eieren   **Eet niet graag** – aardappelen

Hoofdstuk 11. Vertellen over voedsel (Deel 1): VERTALEN (Pagina 98)

1. Slechte vertalingen: zoek en verbeter [IN HET NEDERLANDS] alle vertaalfouten die je vindt

a. Ik houd ~~niet~~ van krabben.   b. Ik haat ~~rijst~~ **pasta**.   c. Ik eet ~~niet~~ graag honing.   d. Ik eet ~~graag~~ **het liefst** appels.

e. Ik vind eieren **niet** lekker.   f. Bananen zijn ~~erg~~ rijk aan ~~proteïnen~~ **vitaminen**.   g. Ik eet niet graag ~~honing~~ **vis**.

h. Ik drink liever ~~melk~~ **mineraalwater**.   i. Ik houd **niet** van groenten.   j. Ik eet **niet** graag rijst.

k. ~~Groente~~ **Fruit** is lekker en ~~ongezond~~ **gezond**.   l. Ik eet het liefst ~~pasta~~ **aardappelen**.

2. Vertaal naar het Nederlands

a. Ik houd van zeevruchten.   b. Ik vind vis erg lekker.   c. Kip is rijk aan proteïnen.   d. Ik eet erg graag rijst.

e. Vlees is ongezond.   f. Ik houd van aardappelen.   g. Ik haat eieren.   h. Ik drink liever mineraalwater.

i. Ik eet graag krabben.   j. Ik eet geen groenten.   k. Ik eet niet graag snoep.   l. De koffie is erg sterk.

m. Appels smaken me niet.   n. Ik vind Sinaasappels erg lekker.

3. Vertaal naar het Duits

a. Ich esse gern   b. Ich mag/liebe   c. Ich esse lieber   d. Ich hasse   e. reich an Proteinen   f. weil es … ist

g. Ich esse nicht gern   h. Ich esse am liebsten   i. Ich finde es   j. Mineralwasser   k. Orangensaft

4. Zinnen vertalen [Nederlands - Duits]

a. Ich mag scharfes Hähnchen sehr.   b. Ich liebe Orangen, weil sie gesund sind.   c. Fleisch ist lecker aber ungesund.

d. Dieser Kaffee ist sehr süß.   e. Eier sind ekelhaft.   f. Ich mag Orangen. Sie sind lecker und reich an Vitaminen.

g. Ich mag Fisch. Es ist lecker und reich an Proteinen.   h. Gemüse sind ekelhaft.   i. Ich esse lieber Bananen.

j. Dieser Tee ist süß.

Hoofdstuk 11. Vertellen over voedsel (Deel 1): SCHRIJVEN (Pagina 99)

1. Gesplitste zinnen

Ich esse gern Nudeln, weil **sie lecker sind**.   Ich mag Kartoffeln, denn **sie sind reich an Proteinen**.

Ich finde Fleisch **nicht lecker**.   Am liebsten esse **ich Reis oder Kartoffeln**.   Ich esse jeden Tag **Obst und Gemüse**.

Hamburger **sind nicht gesund**.   Was isst du **am liebsten**?

2. Schrijf de woorden in de goede volgorde

a. Ich esse gern Reis.   b. Ich hasse Gemüse.   c. Ich trinke gern Kaffee.   d. Kartoffeln esse ich nicht gern.

e. Ich trinke lieber Mineralwasser.   f. Obst ist sehr gesund.   g. Ich mag Erdbeeren, weil sie lecker sind.

3. Zoek en verbeter de grammaticale fouten en spelfouten (er kunnen woorden ontbreken)

a. Ich ~~gern~~ esse **gern** Kartoffeln.   b. Ich **esse** nicht gern Erbsen.   c. Am liebsten ~~trinken~~ **trinke ich** Cola

d. Ich trinke gern Kaffee.   e. Ich esse **lieber** Nudeln.   f. Ich mag Hähnchen.

4. Anagrammen

a. ekelhaft b. Fleisch c. Nudeln d. Fisch e. gesund f. lecker g. Milch

5. Geleid schrijven – beschrijf aan de hand van de details in de tabel onderstaande personen in een korte alinea [ik]

Anna: Ich heiße Anna. Ich esse am liebsten Nudeln, weil es reich an Proteinen ist. Ich esse gern Hähnchen, denn es ist lecker. Ich esse nicht gern Gemüse. Ich hasse Eier, denn es ist ekelhaft.

Ingo: Ich heiße Ingo. Ich esse am liebsten Fisch, denn es ist gesund. Ich esse gern Erdbeeren, weil es süß ist. Ich esse nicht gern Äpfel. Ich hasse Hamburger, denn es ist ungesund.

Deniz: Ich heiße Deniz. Ich esse am liebsten Honig, weil es süß ist. Ich esse gern Fisch, denn es ist lecker. Ich esse nicht gern Obst. Ich hasse Gemüse, weil es langweilig ist.

6. Schrijf een alinea over Toni in het Duits [in de derde persoon enkelvoud]

Er heißt Toni. Er ist achtzehn Jahre alt. Er ist groß, gutaussehend, sportlich und freundlich. Er ist Student. Er isst am liebsten Hähnchen. Er isst gern Gemüse. Er isst nicht gern Fleisch. Er hasst Fisch.

Tijd voor Grammatica 9: ESSEN/TRINKEN Training　　　　　(Pagina 101)

1. Combineer

ich esse gern – ik eet graag **wir essen am liebsten** – wij eten het liefst **sie trinkt gern** – zij drinkt graag

du isst lieber – jij eet liever **er isst sehr gern** – hij eet erg graag **sie trinken nicht gern** – zij drinken niet graag

2. Vertaal naar het Nederlands

a. Ik eet graag pasta. b. Wij eten liever fruit. c. Zij eet het liefst groenten. d. Wat drinken jullie graag?

e. Wij drinken erg graag sap. f. Hij eet graag vlees. g. Jij eet graag aardappelen. h. Eet jij graag chocolade?

i. Hij drinkt graag melk. j. Ik drink niet graag thee.

3. Zoek en verbeter de fouten

a. Mein Vater isst gern Gemüse. b. Mein Bruder und ich ~~esst~~ **essen** gern Obst. c. Mein Vater ~~esst~~ **isst** nicht gern Fleisch.

d. Meine Großeltern trinke**n** lieber Wasser. e. Was isst du am liebsten? f. Meine Schwester ~~esst~~ **isst** lieber Joghurt.

g. Dein Bruder und du, was ~~isst~~ **esst** ihr gern? h. Was ~~trinke~~ **trinkst** du am liebsten?

4. Vul de juiste vorm van ESSEN of TRINKEN in

a. Mein Vater **isst** gern Obst und Gemüse. b. Meine Brüder **essen** nicht gern Reis. c. **Trinkst** du gern Apfelsaft?

d. Meine Mutter und ich **essen** gern Salat. e. Meine Eltern **trinken** sehr gern Wasser.

f. Meine Schwester **trinkt** total gern heiße Schokolade. g. Mein Freund **trinkt** nicht gern Wein.

h. Was **isst** du zum Frühstück?

5. Vertaal naar het Duits

a. Ich esse gern Nudeln. b. Wir trinken am liebsten Orangensaft. c. Was isst du gern? d. Was trinkt ihr gern?

e. Wir essen sehr gern Fleisch. f. Sie essen nicht gern Fisch. g. Sie isst nicht gern Gemüse.

h. Du trinkst gern Mineralwasser.

6. Vertaal naar het Duits

a. Ich esse gern Fleisch, weil es lecker ist. b. Er isst nicht gern Kartoffeln. Sie sind ekelhaft.

c. Ich trinke gern Apfelsaft. Es ist lecker und gesund. d. Meine Eltern essen gern Salat, weil es sehr lecker ist.

e. Ich esse nicht gern Gemüse. Es schmeckt mir nicht.

f. Ich trinke nicht gern Tee oder Kaffee, weil ich es nicht lecker finde.

Hoofdstuk 12 - Vertellen over voedsel (Deel 2): Wat mensen eten en drinken gedurende de dag

Tijd voor grammatica 10
Vraagvaardigheden 2

Hoofdstuk 12. Vertellen over voedsel – Voorkeur/Afkeur (Deel 2): WOORDEN   (Pagina 104)

1. Combineer

Wasser – water **Fisch** – vis **Reis** – rijst **Brötchen** – broodje **Hähnchen** – kip **Fleisch** – vlees **Nudeln** – pasta **Pommes** – friet **Honig** – honing **Käse** – kaas **Pfannkuchen** – pannekoeken **Salat** – salade **Gemüse** – groenten **Obst** – fruit

2. Vul de ontbrekende woorden in

a. Ich esse gern **Obst**. b. Ich liebe **Salat**. c. Ich mag **Gemüse**. d. Ich esse lieber **Äpfel**. e. Ich finde es sehr **lecker**.
f. Ich esse gern **Hähnchen**. g. Ich mag **Pfannkuchen** nicht. h. Ich liebe **Honig**. i. Ich hasse **Fisch**.
j. Es schmeckt mir **ekelhaft**.

3. Vul de ontbrekende letters in

a. **W**asser b. **F**leisch c. **K**uchen d. **O**bst e. **Ä**pfel f. **K**artoffeln g. **H**ähn**chen** h. **E**rdbe**eren** i. s**üß** j. Apfel**saft**
k. Hafer**brei** l. **R**eis m. **E**is n. **K**affee o. **B**rötchen p. lecker q. **B**rot r. **K**äse

4. Combineer

nahrhaft – voedzaam **fettig** – vettig **saftig** – sappig **lecker** – lekker **gesund** – gezond **ungesund** – ongezond **scharf** – pittig **geschmackvoll** – smaakvol **ekelhaft** – walgelijk **süß** – zoet **bitter** – bitter

5. Sorteer de items hieronder naar de juiste categorie

Fruit: i, j, l, v **Groente:** f, r, t, w **Bijvoeglijk naamwoord:** a, b, c, e, h, k, m, p, s **Vis & Vlees:** d, g, n, q
Melkproducten: o, u, x

Hoofdstuk 12. Vertellen over voedsel – Voorkeur/Afkeur (Deel 2): LEZEN (Deel 1) (Pagina 105)

1. Vind het Duits voor de woorden hieronder in de tekst van Franzi

a. **ein gekochtes Ei**. b. **eine Tasse Tee**. c. **viel Zucker** d. **zum Mittagessen** e. **ein Glas** f. **Hähnchen** g. **gesund**
h. **nach der Schule**. i. **ein paar Kekse** j. **Energie** k. **Gemüse** l. **meistens** m. **etwas Kaltes** n. **zum Abendessen**
o. **zum Beispiel** p. **nicht nur** q. **sondern auch**

2. Vul de volgende zinnen aan op basis van de tekst van Luis

a. Voor ontbijt eet ik meestal **muesli** met melk en ik drink een beker **melk** daarbij.
b. Voor **lunch** eet ik het liefst hamburgers met **friet**. c. Daarbij drink ik meestal een **glas sinaasappelsap**.
d. Ik weet het, hamburgers zijn **ongezond**, maar ik vind ze echt **lekker**!
e. Na **school** eet ik vaak iets kleins, als ik **thuis** kom. f. Als diner eet ik meestal iets **warms** bijvoorbeeld **pasta**.
g. Ik zou ook graag **kaas** eten, maar mijn moeder koopt nooit kaas. Ze **haat** kaas!

3. Vind het Duits voor de volgende woorden in de tekst van Luis

a. Was ich normalerweise esse? b. Nach der Schule c. eine Kleinigkeit d. Das macht mich wach! e. eine Tasse Tee
f. Ich würde auch gern ... essen. g. Zum Nachtisch h. normalerweise i. Zum Beispiel j. Toast mit Marmelade.
k. Ich weiß l. meine Mutter kauft nie m. Sie hasst Käse. n. einen Becher Kaffee. o. aber ich finde sie

4. Wie zegt dit, Luis of Franzi? Of beide?

a. Luis b. Franzi c. Franzi d. Franzi e. Luis f. Franzi g. Luis h. Luis i. Luis j. Beide k. Luis l. Franzi

5. Beantwoord de volgende vragen over de tekst van Jana

a. erg veel b. muesli met yoghurt, gekookt ei met toast en banaan c. energie d. appelsap

e. vlees en vis want ze is vegetarisch f. een stuk gebak/taart g. Het is voedzaam. h. Het is niet gezond.

6. Vind in de tekst van Jana het volgende:

a. Obstjoghurt b. Salat c. Apfelsaft d. Kuchen e. Banane f. Joghurt g. nahrhaft h. Schale i. Essen j. Schulkantine

k. Kartoffelsuppe l. Vegetarierin

Hoofdstuk 12. Vertellen over voedsel – Voorkeur/Afkeer (Deel 2): SCHRIJVEN (Pagina 107)

1. Gesplitste zinnen

Zum Frühstück esse ich **meistens Müsli mit Milch.**   Manchmal esse **ich auch Haferbrei.**

Dazu trinke ich eine Tasse **Tee mit viel Zucker!** Zum Mittagessen **esse ich oft Nudeln mit Tomatensoße.**

Fleisch esse ich nie, denn **ich bin Vegetarier.**   Ich trinke am **liebsten Orangensaft.**

Zum Abendessen esse ich oft etwas **Warmes, zum Beispiel eine Suppe.**

Ich esse Fisch gern, weil **es reich an Proteinen ist.**

2. Vul in elke zin het juiste woord in

a. Ich esse oft etwas **Warmes**, zum Beispiel eine Suppe.   b. Am liebsten **esse** ich Hähnchen mit Reis.

c. Normalerweise esse ich Cornflakes zum **Frühstück**.   d. Ich esse gern Schnitzel mit **Pommes** zum Mittagessen.

e. Zum Abendessen esse ich gern ein **Brot** mit Käse.   f. Ich esse kein **Fleisch**, weil ich Vegetarierin bin.

g. Ich liebe **Schokolade**, weil es sehr süß und lecker ist.   h. Ich trinke gern **Kaffee**, denn es macht mich wach!

i. Ich trinke gar nicht gern Milch, ich finde das **ekelhaft**.   j. Obst und Gemüse sind sehr gut für die **Gesundheit**.

3. Zoek en verbeter de grammaticale fouten en spelfouten [let op: in sommige zinnen ontbreekt een woord]

a. Zum Abendessen ~~essen~~ **esse** ich gern Hamburger mit Pommes.   b. Ich ~~gern~~ trinke **gern** ~~Mineralewasser~~ **Mineralwasser**.

c. Ich **esse** gern Fleisch, weil es reich an Proteinen **ist**.   d. Ich ~~leibe~~ **liebe** Orangensaft.

e. Nach der Schule ~~essen~~ **esse** ich gern Toast mit ~~Jam~~ **Marmelade**.   f. Ich **trinke** auch eine **T**asse Tee mit Milch.

g. Ich liebe **Honig**, weil es ~~ist~~ süß **ist**.   h. Zum Abendessen **esse** ich ~~essen~~ oft Tomatensuppe.

i. Ich esse am ~~leibsten~~ **liebsten** Gemüse, denn es ist gesund.

4. Vul de woorden aan

a. **zum M**ittagessen b. **zum Abendessen** c. **zum Frühstück** d. **gesund** e. **süß** f. **lecker** g. **ekelhaft**

5. Geleid schrijven - schrijf 2 korte alinea's in de eerste persoon [ik] met behulp van onderstaande details

Simon: Ich heiße Simon. Zum Frühstück esse ich Müsli mit Milch. Dazu trinke ich Orangensaft. Zum Mittagessen esse ich Schnitzel mit Pommes und Eis. Zum Abendessen esse ich Kartoffelsuppe. Dazu trinke ich Mineralwasser. Ich würde gern Krabben essen, aber meine Mutter hasst Meeresfrüchte.

Ellen: Ich heiße Ellen. Zum Frühstück esse ich ein gekochtes Ei mit Toast. Dazu trinke ich Kaffee. Zum Mittagessen esse ich Nudeln mit Tomatensoße und ein Stück Kuchen. Zum Abendessen esse ich Fisch oder Hähnchen mit Reis. Dazu trinke ich Saft. Ich würde gern Schokolade essen, aber das ist ungesund.

6. Vertaal naar het Duits

a. Ich mag/liebe Apfelsaft, weil es süß und erfrischend ist.   b. Ich mag Lachs nicht, weil es ekelhaft ist.

c. Zum Abendessen esse ich ein Brot mit Käse.   d. Ich trinke immer Milch mit Honig. Ich liebe es, weil es süß ist.

e. Ich liebe Fisch, aber Hähnchen ist nicht sehr lecker.

Tijd voor Grammatica 10: Woordvolgorde in hoofdzinnen. Training

1. Combineer bijw. bepalingen

manchmal – soms   **dazu** – daarbij   **am liebsten** – het liefst   **meistens** – meestal   **nicht gern** – niet graag

zum Abendessen – als diner

2. Onderstreep alle OW en omcirkel alle WO (OW - WO)

a. Ich esse oft Kartoffeln.   b. Manchmal esse ich Nudeln mit Tomatensoße.   c. Meistens trinke ich dazu Orangensaft.

d. Mein Bruder isst gern Hähnchen, ...   e. ..., aber ich esse lieber Fisch   f. Ich mag am liebsten Lasagne!

g. Was isst du am liebsten zum Abendessen?

3. Zinnen met 2 hoofdzinnen - onderstreep alle OW en omcirkel alle WO (OW - WO)

a. Ich esse gern Salat und ich trinke am liebsten Wasser dazu.

b. Du isst gern Gemüse, aber ich esse gern Fleisch.

c. Zu Mittag esse ich oft Salat, aber manchmal esse ich auch Nudeln.

d. Ich esse oft Müsli zum Frühstück und manchmal trinke ich einen Tee dazu.

e. Mein Vater trinkt gern Bier, aber meine Mutter trinkt lieber Wein.

f. Ich finde Lasagne superlecker, aber Fisch finde ich ekelhaft!

g. Ich esse sehr gern Spiegeleier, aber manchmal esse ich auch ein gekochtes Ei.

4. Zet van elke zin de woorden in de goede volgorde [let op: start met het onderstreepte woord]

a. Meine Mutter isst oft Müsli.   b. Am liebsten esse ich Nudeln.   c. Ich trinke dazu Apfelsaft.   d. Haferbrei isst du gern.

e. Ich esse lieber Hamburger.   f. Er isst gern eine Banane.   g. Wir trinken manchmal Kaffee.

h. Trinkt deine Oma gern Tee?   i. Manchmal esse ich Toast mit Marmelade.   j. Dazu trinke ich Orangensaft oder Wasser.

k. Schwarzbrot finde ich nicht lecker.   l. Mein Freund isst sehr gern Hamburger.

5. Vertaal naar het Nederlands

a. Ik eet altijd muesli als ontbijt.   b. Als lunch eet ik vaak salade.   c. Soms eet ik hamburgers.

d. Mijn broer eet zelden vlees.   e. Ik eet nooit chocolade.   f. Jij eet meestal toast met jam.

6. Vertaal naar het Duits

a. Ich esse nie eine Banane.   b. Manchmal esse ich einen Apfel.   c. Ich trinke oft Orangensaft, ...

d. aber ich trinke nie Kaffee.   e. Was isst du zum Abendessen?   f. Mein Vater isst immer Fleisch.

Woordvolgorde in hoofdzinnen. Training

1. Combineer bijw. bepalingen

in meiner Familie – in mijn familie   **im Sommer** – in de zomer   **zu Hause** – thuis   **jedoch** – echter   **leider** – helaas

außerdem – bovendien

2. Onderstreep alle OW en omcirkel alle WO (OW - WO)

a. In meiner Familie gibt es fünf Personen.   b. Ich heiße Martin und ich bin zehn Jahre alt.

c. Zu Hause habe ich einen Hund und einen Fisch.   d. Mein Hund ist laut, aber meine Katze ist leise.

e. Außerdem habe ich ein Pferd.   f. Das Wetter ist im Sommer oft schön.   g. Jedoch ist es im Winter oft kalt.

3. Zinnen met 2 hoofdzinnen - onderstreep alle OW en omcirkel alle WO (OW - WO)

a. Ich mag meinen Bruder, denn er ist immer nett zu mir.

b. Meine Schwester mag ich nicht, denn sie ist immer gemein zu mir.

c. Ich habe einen Bruder, aber ich habe keine Schwester.

d. Ich kann nicht Fußball spielen, aber ich kann gut singen.

e. Tanzen kann ich nicht so gut, aber ich kann sehr gut malen.

f. Mein Onkel ist vierzig Jahre alt und meine Tante ist neununddreißig Jahre alt.

g. Ich verstehe mich gut mit meinem Onkel, denn er ist sehr lustig und nett.

4. Zet van elke zin de woorden in de juiste volgorde [let op: begin met het onderstreepte woord]

a. Ich mag meine Mutter.   b. Zu Hause habe ich kein Haustier.   c. Manchmal ist das Wetter schlecht.

d. Es regnet oft im Winter.   e. Mein Bruder ist immer lustig.   f. Er kann gut Fußball spielen.

g. Im Sommer ist es immer sonnig.   h. Kommst du aus Deutschland?   i. Außerdem habe ich einen Bruder.

j. Jedoch habe ich keine Schwester.   k. Meine Schwester finde ich nicht nett.   l. Ich finde meinen Bruder nervig.

5. Vertaal naar het Nederlands

a. Mijn broer vind ik irritant, ...   b. ..., maar mijn moeder vind ik erg aardig.   c. Helaas heb ik geen huisdier

d. Echter heb ik een zus.   e. Mijn zus eet vaak pasta.   f. Zij kan goed zingen.

6. Vertaal naar het Duits

a. Leider ist mein Bruder nicht nett.   b. Er ist oft nervig.   c. Im Sommer is das Wetter oft schlecht.

d. Aber manchmal scheint die Sonne.   e. Hast du ein Haustier?   f. Manchmal hätte ich gern einen Hamster.

Vraagvaardigheden 2: Beroepen/Schooltas/Voedsel   (Pagina 111)

1. Vertaal naar het Nederlands

a. Waar lunch jij?   b. Wat voor werk doet jouw moeder?   c. Wat heb je in jouw schooltas?   d. Wat is jouw lievelingseten?

e. Wat is jouw lievelingsdrinken?   f. Hoe vaak eet je vlees?   g. Houd je van/Lust je sinaasappelsap?

h. Waarom eet je geen groenten?   i. Eet je vaak snoep?   j. Wat is jouw lievelingssport?   k. Hoe is jouw zus?

l. Met wie ontbijt je graag?

2. Combineer de onderstaande antwoorden met de vragen in oefening 1

a. Apfelsaft – **e**   b. Sie ist sehr fleißig und immer hilfsbereit. – **k**   c. Fußball – **j**   d. Ja, ich mag das. Ich finde es lecker. – **g**

e. Weil ich das nicht mag. – **h**   f. Nudeln mit Tomatensoße – **d**   g. Ja, jeden Tag – **i**   h. Ich esse das zweimal pro Woche – **f**

i. Es gibt ein Heft, zwei Bücher, einen blauen Kuli und einen Apfel. – **c**   j. Meine Mutter ist Polizistin – **b**

k. In der Schulkantine – **a**   l. Mit meinem Bruder – **l**

3. Geef de vragen bij de volgende antwoorden

a. Was isst du nicht?   b. Warum ist du immer Gemüse?   c. Was arbeitet deine Mutter?   d. Warum liebst du Obst?

e. Wo spielst du Fußball?   f. Was isst du oft?   g. Wie oft isst du Obst?   h. Woher kommst du?   i. Hast du Haustiere?

j. Was ist dein Lieblingsgetränk?   k. Was gibt es in deiner Schultasche?

4. Vul in

a. **Was** hast **du** in **deiner** Schultasche?   b. **Wo** arbeitest du?   c. **Wie oft** isst **du** Meeresfrüchte?

d. **Was ist dein** Lieblingsgetränk?   e. **Wie** alt **bist** du?   f. **Isst du gern** Fleisch?   g. **Was kaufst** du?

h. **Was isst du zum** Frühstück?

Hoofdstuk 13 - Vertellen over kleding
Tijd voor Grammatica 11
Even Herhalen 3

Hoofdstuk 13. Vertellen over kleding: WOORDENSCHAT (Pagina 114)

1. Combineer

ich trage – ik draag **ein Hemd** – een overhemd **ein Kleid** – een jurk **Sportschuhe** – sportschoenen
eine Hose – een broek **einen Anzug** – een (net) pak **eine Mütze** – een pet

2. Vul het ontbrekende woord in

a. Zu Hause **trage** ich oft ein T-Shirt.   b. In der Schule trage ich immer eine **Uniform**.

c. Im Fitnessstudio trage ich meistens einen **Trainingsanzug**.   d. Am Strand trage ich immer einen **Badeanzug**.

e. In der Disko trage ich eine lange **Hose**.   f. Ich trage meistens **Ohrringe**.

g. Ich trage nie **Sandalen**, sondern ich trage **Stöckelschuhe**.

3. Vertaal naar het Nederlands

a. Ik draag vaak een t-shirt.   b. Ik draag soms een pak.   c. Ik draag nooit een trui.   d. Ik draag erg vaak een coole pet.

e. Ik draag altijd een horloge.   f. Ik draag meestal oorbellen.   g. Hij draagt vaak een elegant pak.

h. Zij draagt altijd bruine sandalen.   i. Ik draag nooit een wit t-shirt.   j. Ik draag meestal warme pantoffels.

k. Mijn broer draagt altijd een spijkerbroek.

4. Anagrammen [kleding en accessoires]

a. Mütze   b. Uhr   c. Anzug   d. Ohrringe   e. Schuhe   f. Hemd   g. Jeans   h. Schal   i. Rock   j. Kleid   k. Hut   l. Stiefel

5. Associaties - combineer elk lichaamsdeel hieronder met de woorden in de tabel zoals voorgedaan in het voorbeeld

a. der Kopf – **Hut, Käppi**   b. die Füße – **Schuhe, Strümpfe, Stiefel**   c. die Beine – **Hose, Rock**

d. der Hals – **Schal, Halstuch, Krawatte, Halskette**   e. der Oberkörper – **Jacke, Hemd, T-Shirt**

f. die Ohren – **Ohrringe**   g. das Handgelenk – **Uhr**

6. Vul in

a. Ich trage immer schwarze St**ie**fel.   b. zu H**a**use   c. Ich habe eine goldene U**hr**.   d. Ich trage ein bequemes H**emd**.

e. Ich trage einen blauen A**nzug**.   f. Mein Bruder trägt eine W**este**.   g. Meine Freundin trägt rote S**ocken**.

Hoofdstuk 13. Vertellen over kleding: LEZEN (Pagina 115)

1. Vind het Duits voor onderstaande woorden in de tekst van Lisa

a. Ich komme aus   b. ziemlich sportlich   c. viele Klamotten   d. von guter Qualität.   e. nicht zu teuer

f. fünf Trainingsanzüge   g. mit meinem Freund.   h. Ohrringe   i. ein rotes oder schwarzes Kleid   j. Stöckelschuhe

2. Vind het Duits voor onderstaande woorden in de tekst van Michael

a. In der Schule   b. normalerweise   c. viele T-Shirts   d. zu Hause   e. Muskelshirt   f. kurze Hose   g. eine Jacke

h. schwarze Hose   i. Sportschuhe   j. was trägst du?

Vul de volgende beweringen over de tekst van Renaud in

a. Hij is **dertien** jaar oud.   b. Hij koopt vooral graag **schoenen**.   c. Hij heeft veel merkschoenen uit **Italië**.

d. Als het koud is, draagt hij normaal gesproken een **jas** en **bruine** of **zwarte** schoenen.   e. Soms draagt hij een sportjas.

4. Beantwoord onderstaande vragen over Maria in het Duits

a. Sie heißt Maria.   b. Sie kommt aus Spanien.   c. Sie ist zwölf Jahre alt.   d. Sie mag Klamotten

e. Sie kauft ihre Klamotten von Zara.   f. Dann trägt sie eine Jacke und einen Schal.

g. Dann trägt sie eine Bluse und eine kurze Hose.

5. Vind iemand die ...

a. Renaud   b. Michael   c. Michael   d. Lisa   e. Lisa   f. Michael   g. Lisa   h. Michael

Hoofdstuk 13. Vertellen over kleding: SCHRIJVEN

1. Gesplitste zinnen

Zu **Hause trage ich einen Trainingsanzug**. Wenn es draußen **kalt ist, trage ich einen Mantel**.

Im Fitnessstudio trage **ich ein T-Shirt und eine kurze Hose**. Wenn es draußen warm ist, **trage ich eine Bluse**.

Ich trage nie **schwarze Schuhe**. Wenn ich in die Disko **gehe, trage ich coole Markenschuhe**.

Ich trage einen **blauen Pullover**. Ich trage eine **blaue Weste**.

2. Vul telkens het juiste woord in

a. **Wenn** ich mit meinem **Freund** ausgehe, trage ich immer elegante Kleidung.

b. In der Schule **trage** ich immer eine Uniform. c. Im Fitnessstudio trage ich weiße **Sportschuhe**.

d. Am Strand trage ich ein weißes **Muskelshirt**. e. Wenn es **draußen** heiß ist, trage ich eine kurze **Hose** und Sandalen.

f. Zu Hause trägt mein Vater immer **einen** Trainingsanzug von Puma oder Nike.

g. Meine Schwester trägt immer braune **Stiefel**. h. Ich trage **nie** Stöckelschuhe. Ich mag das nicht.

3. Vind en verbeter de grammaticale fouten en spelfouten [let op: soms ontbreekt een woord]

a. Wenn ich **mit** meinen Freunden ausgehe, **trage** ich immer coole Schuhe.

b. Zu Hause ~~ich~~ trage **ich** am ~~leibsten~~ **liebsten** einen Trainingsanzug.

c. Ich ~~oft~~ trage **oft** schwarze Schuhe, wenn ich ausgehe. d. Mein Bruder trägt immer eine blau**e** Hose.

e. In **der** Schule ~~ich~~ trage **ich** immer eine Uniform. f. Er **trägt** immer ~~tragt~~ Markenklamotten.

g. Wenn es draußen kalt **ist**, trage ich einen warm**en** Mantel. h. Ich ~~tragen~~ **trage** gern ein grünes Kleid.

4. Vul de woorden aan

a. **Rock** b. **Anzug** c. **Ohrringe** d. **Hose** e. **Schuhe** f. **Schal** g. **Trainingsanzug**

5. Geleid schrijven - schrijf 3 korte alinea's in de eerste persoon [ik] aan de hand van de onderstaande gegevens

Anton: Ich heiße Anton. Ich wohne in Basel. Zu Hause trage ich einen Trainingsanzug und Sportschuhe. Wenn ich ausgehe, trage ich braune Stiefel. Ich trage nie Ohrringe.

Vera: Ich heiße Vera. Ich wohne in München. Zu Hause trage ich weiße T-Shirts. Wenn ich ausgehe, trage ich Jeans und schwarze Schuhe. Ich trage nie eine Uhr.

Annette: Ich heiße Annette. Ich wohne in Linz. Zu Hause trage ich Jeans und ein T-Shirt. Wenn ich ausgehe, trage ich ein Kleid und Ohrringe. Ich trage nie einen Schal.

6. Beschrijf deze persoon in het Duits in de 3e persoon [hij]

Er heißt Ron. Er wohnt in London. Er ist zwanzig Jahre alt. Er hat eine schwarze Spinne. Er hat blonde Haare und grüne Augen. Er trägt immer einen Anzug. Er trägt nie Jeans. Im Fitnessstudio trägt er einen Adidas Trainingsanzug.

Tijd voor Grammatica 11: TRAGEN + onbep. lidw. + bijv. nw. + zelfst. nw.

TRAINING

1. Vul de tabel in

bequem – **comfortabel** modisch – modieus **blau** – blauw kurz – **kort** warm – **warm** schwarz – zwart

schön – mooi gestreift – **gestreept** neu – nieuw

2. Vertaal naar het Nederlands

a. Ik draag een comfortabel pak. b. Jij draagt een blauwe blouse. c. Mijn vriend draagt een stijlvol overhemd.

d. Zij dragen/U draagt stijlvolle hoge hakken. e. Dragen jullie een grijs of blauw uniform? f. Ik draag een mooi topje.

g. Hij draagt een gestreepte stropdas. h. Mijn zus draagt een modieuze rok. i. Soms draag ik een rood t-shirt

j. Ik draag een oude hoody.

3. Vul de juiste verbuiging van het bijvoeglijk naamwoord in

a. einen schön**en** Mantel b. eine neue Bluse c. rote Pantoffeln d. keine sauber**en** Socken e. ein grün**es** Kleid

f. hellblaue Schuhe g. ein gestreift**es** Hemd h. eine rote Weste i. einen modisch**en** Pulli.

4. Vul het ontbrekend bijvoeglijk naamwoord in

a. Ich trage eine **goldene** Uhr. b. Er trägt eine **lange** Hose. c. Wir tragen **braune** Sandalen.

THE LANGUAGE GYM

d. Du trägst einen **grauen** Kapuzenpulli.   e. Ich trage einen **warmen** Schal.   f. Sie trägt **schwarze** Schuhe.

g. Mein Opa trägt ein **weißes** Hemd.   h. Ich trage eine **modische** Jacke.

5. Vertaal naar het Duits

a. ich trage   b. einen schwarzen Schal   c. einen bequemen Kapuzenpulli   d. eine gelbe Bluse   e. eine graue Hose

f. braune Schuhe   g. eine gestreifte Krawatte

6. Vertaal naar het Duits

a. Ich trage ein blaues Kleid und weiße Schuhe.   b. Peter trägt ein braunes Hemd und einen schwarzen Gürtel.

c. Trägst du eine bequeme Uniform?   d. Tragt ihr weiße Sportschuhe?   e. Ich trage saubere Socken.

f. Wir tragen bequeme Sandalen und kurze Hosen.   g. Sie trägt eine weiße Bluse und einen blauen Rock.

Tijd voor Grammatica 12: Woordvolgorde in bijzinnen - Training   (Pagina 120)

1. Combineer

da – aangezien   **wenn** – als   **obwohl** – hoewel   **weil** – omdat   **damit** – zodat   **dass** – dat   **bevor** – voordat

2. Kies telkens het juiste voegwoord

a. Ich mag meinen Onkel, ~~damit~~ / **weil** er supernett ist.   b. Ich esse gern Fastfood, **obwohl** / ~~wenn~~ es ungesund ist.

c. Ich trage ein T-Shirt, **wenn** / ~~dass~~ es heiß ist.   d. Ich denke, ~~da~~ / **dass** Spinat sehr lecker ist.

e. ~~Weil~~ / **Bevor** ich ins Bett gehe, esse ich oft einen Snack.   f. Ich wohne in Köln, **obwohl** / ~~damit~~ ich aus Berlin komme.

g. ~~Damit~~ / **Weil** ich Hunde liebe, haben wir einen Hund zu Hause.

3. Gesplitste zinnen

a. Ich mag meinen Bruder, **obwohl er oft nervig ist**.   b. Ich esse oft Gemüse, **weil es gesund ist**.

c. Meine Tante findet ihre Arbeit super, **da sie gut bezahlt ist**.   d. Ich liebe Schokolade, **weil sie süß und lecker ist**.

e. Mein Vater denkt, **dass Fastfood ungesund ist**.   f. Ich trage eine Uniform, **wenn ich in der Schule bin**.

g. Mein Freund trägt eine dunkle Sonnenbrille, **damit er cool aussieht**.

4. Vul telkens een voegwoord uit het onderstaande kader in

a. Ich mag meinen Opa, **weil** er sehr großzügig ist.   b. Ich esse oft Schokolade, **wenn** ich Hunger habe.

c. **Obwohl** er oft gemein zu mir ist, liebe ich meinen Bruder.   d. Wir machen viel Sport, **da** es gesund ist.

e. Ich mache Muskeltraining, **damit** ich cool aussehe.

5. Verbind de zinnen met behulp van het gegeven voegwoord tussen haakjes

a. Ich trage oft Sandalen, **wenn es heiß ist**.   b. Ich trinke oft Orangensaft, **weil es gesund und lecker ist**.

c. Ich trage oft Stöckelschuhe, **obwohl es unbequem ist**.   d. Ich esse ein Stück Kuchen, **wenn ich nach Hause komme**.

e. Ich denke, **dass es sehr ungesund ist**.   f. Ich gehe ins Fitnessstudio, **damit ich stark werde**.

6. Markeer alle bijzinnen in onderstaande tekst

Hallo Leute. Ich heiße Arne. **Obwohl ich aus Österreich komme**, wohne ich in München, im Süden von Deutschland.

Wenn ich zu Hause bin, trage ich am liebsten einen Trainingsanzug. Das ist das Allerbeste, **weil es total bequem ist**.

Außerdem trage ich immer Kopfhörer, **obwohl meine Mutter das nervig findet**. Sie denkt, **dass es schlecht für meine**

Ohren ist. Aber ich trage das, **damit ich laut Musik hören kann**. Ist doch klar, oder?

Even Herhalen 3: Beroepen, voedsel, kleding en getallen 20-100 (Pagina 121)

1. Vul in (getallen)

a. 100 – hun**dert**   b. 90 – neun**zig**   c. 30 – drei**ßig**   d. 50 – fün**fzig**   e. 80 – ach**tzig**   f. 60 – sech**zig**   g. 40 – vier**zig**

2. Vertaal naar het Nederlands (voedsel en kleding)

a. het pak   b. de sap   c. de kip   d. de rok   e. de schnitzel   f. het water   g. het vlees   h. de sokken   i. de vis   j. de sjaal
k. de schoenen   l. de groente   m. de koffie   n. het avondeten

3. Schrijf onder elke categorie telkens een Duits woord dat begint met de aangegeven letter en in die categorie valt

S: Schuhe, Saft, sechs, Schauspieler

H: Hemd/Hut/Hose, Honig/Hamburger, hundert, Hausmann/Hausfrau/Handwerker

B: Bluse/Badeanzug, Banane/Brot, -, Bankkaufmann/-frau

E: -, Eis/Erdbeeren, eins/elf, Elektriker(in)

A: Anzug, Apfel/Apfelsaft, acht/achtzehn/achtzig, Anwalt/Anwältin/Arzt

4. Combineer

ich trage – ik draag   **ich habe** – ik heb   **ich bin** – ik ben   **ich esse gern** – ik eet graag   **ich trinke** – ik drink

ich arbeite – ik werk   **ich wohne** – ik woon   **ich heiße** – ik heet   **ich komme aus** – ik kom uit   **es gibt** – er is/zijn

ich habe auch – ik heb ook   **ich esse oft** – ik eet vaak

5. Vertaal naar het Nederlands

a. Ik draag vaak bruine laarzen   b. Ik eet altijd muesli als ontbijt.   c. Ik werk als advocaat in de stad.

d. Ik drink graag warme chocolademelk.   e. Ik eet niet graag vlees.   f. Ik eet vaak pasta met tomatensaus.

g. Mijn moeder is zakenvrouw.   h. Ik heb geen merkkleding.   i. Ik eet graag salade als middageten.

Hoofdstuk 14 - Vertellen wat ik (en anderen) in onze vrije tijd doen

Tijd voor Grammatica 13&14

Hoofdstuk 14. Vrije Tijd: WOORDENSCHAT OPBOUWEN (Pagina 124)

1. Combineer

ich spiele Schach – ik speel schaak **ich gehe joggen** – ik ga joggen **ich gehe reiten** – ik ga paardrijden

ich spiele Karten – ik speel kaarten **ich mache Karate** – ik doe karate **ich gehe schwimmen** – ik ga zwemmen

ich gehe wandern – ik ga wandelen. **ich spiele Basketball** – ik speel basketbal

2. Vul het ontbrekende woord in

a. Ich spiele **Schach**. b. Ich gehe **reiten**. c. Ich spiele **Karten**. d. Ich gehe **Rad** fahren. e. Ich spiele **Basketball**.

f. Ich gehe **angeln**. g. Ich gehe **wandern**. h. Ich gehe **klettern**. i. Ich gehe **joggen**. j. Ich mache meine **Hausaufgaben**.

3. Vertaal naar het Nederlands

a. Ik ga elke dag fietsen. b. Ik ga vaak klimmen. c. Ik ga twee keer per week klimmen.

d. Ik ga met mijn vader paardrijden. e. Als het weer slecht is, speel ik schaak of kaarten. f. Ik speel erg vaak basketbal.

g. Ik ga zelden naar het sportcentrum. h. Ik ga vaak naar mijn vriend. i. Ik ga elke dag naar het strand.

j. Ik ga elke weekend vissen. k. Als het weer goed is, speel ik golf.

4. Gebroken woorden

a. Ich gehe rei**ten**. b. Ich gehe schw**immen**. c. Ich gehe ang**eln**. d. Ich gehe Rad f**ahren**. e. Ich spiele Sch**ach**.

f. Ich mache Leichtath**letik**. g. Ich spiele Karten. h. Ich gehe Ski fa**hren**.

5. Ich 'spiele', 'mache' of 'gehe'?

a. Ich **mache** Karate. b. Ich **gehe** Rad fahren. c. Ich **spiele** Schach. d. Ich **spiele** Karten. e. Ich **gehe** schwimmen.

f. Ich **gehe** ins Kino. g. Ich **spiele** Tennis. h. Ich **mache** Krafttraining. i. Ich **gehe** klettern.

6. Slechte vertaling - vind alle vertaalfouten en verbeter ze

a. Ik ga nooit ~~zwemmen~~ **wandelen**. b. Ik speel schaak met mijn ~~vader~~ **opa**. c. Ik ga ~~elk weekend~~ **elke dag** klimmen.

d. Als het weer goed is, ga ik ~~wandelen~~ **joggen**. e. Ik ga een keer per week ~~fietsen~~ **skiën**.

f. Ik speel nogal vaak ~~kaarten~~ **schaak**. g. Ik ga graag ~~wandelen~~ **klimmen**.

Hoofdstuk 14. Vrije tijd: LEZEN (Pagina 125)

1. Vind het Duits voor de volgende woorden uit de tekst van Thomas

a. ich mache viel Sport. b. Mein Lieblingssport c. Klettern d. jeden Tag e. Wenn das Wetter schlecht ist

f. Ich spiele auch gern g. stell dir vor! h. Ich mache das sehr oft!

2. Vind het Duits voor de volgende woorden uit de tekst van Ronan

a. Ich gehe gern Rad fahren. b. mit meinen Freunden c. Ab und zu d. ich hasse Schwimmen. e. in die Disko.

f. ich gehe klettern. g. mit meinem Freund Julian h. abends

3. Vul de volgende beweringen over Verónica aan

a. Ze komt uit **Barbastro** in Spanje. b. Ze is nogal **aardig** en **grappig**.

c. Ze speelt graag computerspellen en **ze luistert graag naar muziek**. d. Als het weer mooi is gaat ze **naar het park**.

e. Ze speelt ook tennis met haar **broer**. f. Ze gaat niet graag naar de sportschool en ook niet **naar het zwembad**.

4. Noem 8 dingen over Nicola

1. Ze komt uit Engeland. 2. Ze leest graag boeken en kranten. 3. Ze speelt graag schaak en kaarten.

4. Ze is niet zo sportief. 5. Ze gaat soms naar de sportschool. 6. Bij mooi weer wandelt ze in de bergen.

7. Ze heeft een hond. 8. Ze houdt van haar hond.

 **THE LANGUAGE GYM** 47

5. Vind iemand die ...

a. Nicola   b. Ronan   c. Thomas   d. Nicola.   e. Ronan

Hoofdstuk 14. Vrije tijd: VERTALEN   (Pagina 126)

1. Vertaling met gaten

a. Ik ga **vaak** naar de disco.   b. Ik speel elke dag **schaak**.   c. Ik speel **nogal vaak** tennis.   d. Ich spiele sehr gern **Karten**.

e. Ich gehe gern **schwimmen**.   f. **Soms** ga ik klimmen.   g. Ik doe nooit **krachttraining**.

h. Wenn es **sonnig** ist, gehe ich joggen.

2. Vertaal naar het Nederlands

a. erg   b. elk weekend   c. als het weer slecht is   d. naar mijn vriend   e. nooit   f. elke dag   g. ik ga klimmen

h. ik ga naar de disco   i. ik ga vissen

3. Vertaal naar het Nederlands

a. Ik ga vaak met mijn vader vissen.   b. Ik speel elke dag met mijn broer kaarten.   c. Ik ga vaak met mijn moeder klimmen.

d. Ik speel graag met mijn beste vriend schaak.   e. Ik speel elke dag met mijn broer PlayStation.

f. Ik ga elke zaterdag met mijn vrienden naar de disco.   g. Ik speel vaak met mijn vriendin Mia Monopoly.

4. Vertaal naar het Duits

a. Freizeit   b. klettern   c. schwimmen   d. angeln   e. Krafttraining   f. Computerspiele   g. Schach   h. Karten   i. wandern

j. joggen

5. Vertaal naar het Duits [let op: de eerste letters van de woorden zijn tussen haakjes gegeven)

a. Ich gehe joggen.   b. Ich spiele gern Schach.   c. Ich gehe oft klettern.   d. Ich gehe mit meinem Bruder schwimmen.

e. Ich mache oft Karate.   f. Ich mache mit meinen Freunden Yoga.   g. Ich gehe jedes Wochenende in die Disko.

h. Ich spiele oft Computerspiele.   i. Ich gehe oft Rad fahren.   j. Ich spiele zweimal pro Woche Fußball.

Hoofdstuk 14. Vrije Tijd: SCHRIJVEN   (Pagina 127)

1. Gesplitste zinnen

Ich gehe nie ins **Sportzentrum**.   Ich spiele mit meinem **Bruder Schach**.   Ich gehe oft zu meiner **Freundin**.

Ich gehe jeden **Tag joggen**.   Ich spiele sehr **gern Karten**.   Ich mache oft **Karate**.   Ich gehe sehr gern **ins Fitnessstudio**.

Ich gehe in den **Bergen klettern**.

2. Vul in elke zin het ontbrekende woord in

a. Ich **gehe** manchmal joggen.   b. Manchmal **spiele** ich Schach.   c. Ich **gehe** ab und zu klettern.   d. Ich **gehe** oft reiten.

e. Ich **spiele** oft Tennis.   f. Ich **gehe** zu meinem Freund.   g. In meiner **Freizeit** gehe ich oft ins Kino.

h. Ich **gehe** manchmal ins Sportzentrum.   i. Ich **mache** meine Hausaufgaben.

3. Vind en verbeter de fouten [let op: in een aantal gevallen ontbreekt een woord]

a. Ich ~~speile~~ **spiele** oft Tennis.   b. Ich spiele gern Schach.   c. Ich gehe zu ~~mienem~~ **meinem** Freund.

d. Ich **gehe** fast nie Fahrrad fahren.   e. Ich mache ~~miene~~ **meine** Hausaufgaben.   f. Ich ~~gehen~~ **gehe** schwimmen.

g. Ich mache **K**rafttraining.

4. Vul de woorden aan

a. Scha**ch**   b. Leichtath**letik**   c. **K**lettern   d. Computer**spiele**   e. **R**eiten   f. **A**ngeln   g. Schw**immen**

5. Schrijf voor elke onderstaande persoon een alinea in de eerste persoon enkelvoud (ik):

Laura: Ich heiße Laura. Ich wandere gern jeden Tag mit meinem Freund. Ich schwimme nicht gern, weil ich das Wasser hasse.

Dylan: Ich heiße Dylan. Ich mache gern oft Krafttraining mit meinem Freund James. Ich hasse Fußball, weil es ungesund ist.

Oskar: Ich heiße Oskar. Ich fahre gern allein Ski, wenn das Wetter schön ist. Ich gehe oft reiten, weil ich Pferde liebe.

Tijd voor Grammatica 13: SPIELEN, MACHEN, GEHEN (Pagina 129-130)

1. Combineer

heute – vandaag   **nach der Schule** – na school   **mit meinem Freund** – met mijn vriend   **manchmal** – soms

in den Park – naar het park   **mit mir** – met mij

2. Vul de ontbrekende bijwoordelijke bepaling in

a. Ich spiele **jeden Tag** Karten.   b. Er spielt **oft** Basketball.   c. Wir spielen **den ganzen Tag**.

d. Ich gehe **allein** an den Strand.   e. Gehst du **heute** reiten?   f. Wir gehen **nach der Schule** angeln.

g. **Manchmal** mache ich nichts.   h. Ich gehe **mit meinen Freunden** joggen.   i. Sie macht **abends** Hausaufgaben.

3. Vul telkens het ontbrekende werkwoord in

a. Ich **gehe** oft angeln.   b. Du **machst** selten Sport.   c. Heute **spiele** ich Schach.   d. Nach der Schule **mache** ich nichts.

e. Wir **gehen** jedes Wochenende in den Bergen wandern.   f. Mein Freund **spielt** am Nachmittag Tennis.

g. **Gehst** du oft joggen?

4. Onderstreep OW en omcirkel WO (OW -WO)

a. <u>Ich gehe</u> gern an den Strand.   b. Nach der Schule **gehe ich** Rad fahren.   c. <u>Sie geht</u> nach der Schule reiten.

d. Mit meinen Eltern **gehe ich** oft klettern.   e. Manchmal **spielen wir** auch Karten.   f. <u>Mein Bruder spielt</u> immer Trompete.

g. <u>Ich mache</u> jeden Tag Sport.   h. An den Strand **gehe ich** nicht oft.   i. Wann **gehst du** ins Schwimmbad?

j. **Klettern wir** heute?   k. <u>Ich gehe</u> am Wochenende reiten.

5. Vul het missend onderwerp en werkwoord in. Let op: zet ze in de goede volgorde (OW of WO)!

a. **Ich mache** jeden Tag mit meiner Mutter Karate.   b. Manchmal **spielen wir** Squash im Sportzentrum.

c. Sonntags **gehe ich** mit meinen Freunden angeln.   d. **Gehen wir** am Wochenende ins Kino?

e. **Ich gehe** oft mit meiner Freundin Ina an den Strand.   f. Ab und zu **machen sie** Leichtathletik.

g. Wenn es heiß ist, **esse ich** ein Eis.   h. Was **machst du** in deiner Freizeit?   i. **Sie spielt** jeden Tag Basketball.

6. Vul in wat in de zin past: *macht, spielt* of *geht*

a. Meine Mutter **macht** nie Sport, sie ist so faul!   b. Mein Vater **geht** selten in die Kirche, aber ich gehe oft. Und du?

c. Mein Freund Selim **geht** jeden Freitag in die Moschee.   d. Mein Großvater **spielt** immer Karten mit mir.

e. Mein großer Bruder **macht** Karate, stell dir vor, er hat einen schwarzen Gürtel!

f. Mein Freund Dieter **spielt** immer PlayStation.   g. Mein kleiner Bruder **geht** jeden Tag Rad fahren.

h. Meine Oma **geht** jeden Tag an den Strand.

7. Vul in wat in de zin past: *spielen, machen* of *gehen*

a. Meine Freunde **spielen** oft Basketball.   b. Meine Brüder **machen** jeden Tag Sport.

c. Wir **spielen** oft Fußball, das ist klasse!   d. Meine Eltern **gehen** gern schwimmen.

e. Meine Cousins **machen** Karate, cool!   f. Mein Freund und ich, wir **gehen** jedes Wochenende ins Kino. Das ist super!

g. Mein Onkel und meine Tante **gehen** oft wandern. Ich finde das cool.   h. Meine Freunde **gehen** oft klettern.

i. **Gehen** Sie gern reiten?   j. Meine Freunde Lisa und Franz **spielen** sehr gut Schach, stell dir vor!

k. Sie **gehen** samstags immer ins Schwimmbad. Wie langweilig!   l. Was **machen** Sie am Wochenende?

m. Wir **gehen** an den Strand.   n. Was **machen** deine Freunde?   o. Ich denke, sie **machen** nichts.

8. Vertaal naar het Nederlands

a. Ik speel nooit tennis.   b. Zij doet vaak haar huiswerk.   c. Wij gaan elk weekend naar de kerk.

d. Zij gaan niet vaak naar het zwembad.   e. Als het weer goed is, gaan ze naar het park.

f. Mijn opa speelt graag schaak met mij.   g. Als het regent, ga ik naar de sportschool.

9. Vertaal naar het Duits

a. Wir gehen nie ins Schwimmbad.   b. Sie machen selten Sport.   c. Sie spielt jeden Tag Basketball.

d. Wenn das Wetter schön ist, gehe ich joggen.   e. Ich fahre selten Rad.   f. Ich gehe oft klettern.

g. Mein Vater und ich spielen oft Korbball.   h. Meine Schwester spielt zweimal pro Woche Tennis.

i. Ich gehe samstags ins Schwimmbad.   j. Wenn das Wetter schlecht ist, gehe ich ins Fitnessstudio.

k. Sie machen selten Hausaufgaben.   l. Wir spielen nie Schach.

1. Combineer

weil – omdat   **jedoch** – echter   **obwohl** – hoewel   **denn** – want   **und** – en   **aber** – maar   **außerdem** – bovendien

oder – of

2. Kies het juiste voegwoord

a. Ich heiße Lisa **und** / ~~denn~~ ich bin vierzehn Jahre alt.

b. Ich wohne in Berlin, ~~oder~~ / **aber** ich komme aus Hamburg.

c. Mein Vater kommt aus Köln, ~~und~~ / **jedoch** wohnt er in Wien.

d. Ich kann gut singen, **jedoch** / ~~außerdem~~ kann ich nicht tanzen.

e. Ich mag meine Oma, **weil** / ~~obwohl~~ sie immer nett zu mir ist.

f. Ich mag meine Schwester, ~~und~~ / **jedoch** ist sie oft launisch.

g. Ich habe eine Katze, **aber** / ~~oder~~ du hast einen Hund.

h. Meine Mutter mag ihre Arbeit nicht, ~~weil~~ / **denn** sie ist nicht gut bezahlt.

3. Welk soort voegwoord is het?

a. soort 1   b. soort 3   c. soort 1   d. soort 1   e. soort 1   f. soort 2

4. Vul steeds een passend woord uit onderstaande tabel in

a. Ich heiße Martin **und** ich bin zwölf Jahre alt.   b. Ich esse oft Fastfood, **weil** es superlecker ist.

c. Ich liebe meinen Bruder, **obwohl** er nicht so nett ist.   d. Am Freitag gehe ich ins Kino **oder** ich bleibe zu Hause.

e. Ich kann gut Fußball spielen, **aber** ich kann nicht singen.   f. Ich habe einen Lieblingsonkel, **jedoch** wohnt er in Afrika.

g. Ich finde Bananen lecker, **denn** sie schmecken total gut.   h. Meine Oma ist total lustig, **außerdem** kann sie super kochen.

5. Vind de fout in de woordvolgorde in het tweede deel van elke zin en herschrijf deze correct.

a. Ich kann gut tanzen, aber ~~kann~~ ich **kann** nicht schwimmen.   b. Ich esse oft Gemüse, weil es ~~ist~~ lecker **ist**.

c. Meine Mutter ist nett, außerdem **ist** sie ~~ist~~ sehr hilfsbereit.   d. Ich mag meinen Opa, jedoch **ist** er sehr geizig ~~ist~~.

e. Ich esse oft Hamburger, obwohl ~~ist~~ es ungesund **ist**.   f. Ich gehe nicht in den Garten, weil **es** regnet ~~es~~.

g. Ich mag meinen Bruder nicht, denn ~~ist~~ er **ist** doof.

Hoofdstuk 15 - Vertellen over weer en vrije tijd

Tijd voor Grammatica 15
Even Herhalen 4
Vraagvaardigheden 3

Hoofdstuk 15. Vertellen over weer en vrije tijd WOORDENSCHAT OPBOUWEN 1 (Pagina 135)

1. Combineer

Wenn – Als   **es kalt ist** – het koud is   **es heiß ist** – het heet is   **das Wetter schön ist** – het weer mooi is

das Wetter schlecht ist – het weer slecht is   **es bewölkt ist** – het bewolkt is   **es regnet** – het regent

2. Vul het ontbrekende woord in

a. wenn das Wetter **schlecht** ist   b. wenn es **regnet** und **kalt** ist   c. wenn es **sonnig** und **heiß** ist

d. Wenn es stürmisch ist, **bleibe** ich zu Hause.   e. Wenn das Wetter **schön** ist, gehe ich in den Park.

f. Wenn es **schneit**, gehe ich Ski fahren.   g. Wenn es **windig** ist, bleibe ich zu Hause.   h. Ich mag es, wenn es **stürmisch ist**.

3. Vertaal naar het Nederlands

a. Het is bewolkt.   b. Als het regent   c. Als het koud is   d. Als het heet is   e. Als het sneeuwt   f. Als het weer mooi is

g. Als het mistig is   h. speel ik tennis.   i. ga ik skiën.   j. blijf ik thuis.

4. Associaties - Combineer elk weertype hieronder met de kleding/activiteiten in de tabel

das Wetter ist schlecht: Sturm, Wind, Regen – ich bleibe zu Hause, ich mache nichts, Schlafanzug, ich sehe fern, Schal

das Wetter ist schön: Sonne und Hitze – Strand, kurze Hose, Hut, Badeanzug

es schneit und es ist kalt: Schneestiefel, ich gehe Ski fahren, die Berge

5. Anagrammen

a. kalt   b. schön   c. neblig   d. regnet   e. bewölkt   f. schlecht   g. heiß   h. stürmisch   i. windig   j. sonnig   k. Wetter   l. gut

6. Vul in

a. Das Wetter ist **schön**.   b. Ich bleibe zu **Hause**.   c. Wenn es **regnet**.   d. Ich **liebe/mag** es, wenn es sonnig ist.

e. Ich **gehe** an den Strand.   f. wenn es stürmisch **ist**   g. wenn es **heiß** ist   h. wenn es **bewölkt** ist.

Hoofdstuk 15. Vertellen over weer en vrije tijd WOORDENSCHAT OPBOUWEN 2 (Pagina 136)

1. Combineer

ich spiele Tennis – ik speel tennis   **ich spiele Karten** – ik speel kaarten   **ich gehe reiten** – ik ga paardrijden

ich gehe aus – ik ga uit   **Max geht angeln** – Max gaat vissen   **in seinem Zimmer** – in zijn kamer

ich bleibe zu Hause – ik blijf thuis   **schwimmen** – zwemmen

2. Vul het ontbrekende woord in

a. Ich bleibe **in** meinem Zimmer.   b. Mein Freund **geht** in den Park.   c. Ich gehe zu **meinem** Freund.

d. Manchmal gehe ich ins **Sportzentrum**.   e. Unter der Woche **mache** ich immer meine Hausaufgaben.

f. Ich mag das **Wochenende**, weil ich mit meinen Freunden spiele.   g. Meine Freundin Vero **geht** immer zu **ihrem** Freund.

h. Ich gehe immer **klettern**.

3. Vertaal naar het Nederlands

a. Ik ga naar mijn vriend.   b. Ik ga paardrijden.   c. Het is bewolkt.   d. Ik ga fietsen.   e. Hij gaat joggen.

f. Hij gaat naar het sportcentrum.   g. Ik ga naar het zwembad.   h. Hij doet aan sport.

4. Anagrammen activiteiten

a. joggen   b. schwimmen   c. wandern   d. reiten   e. Basketball   f. Fußball   g. Karten   h. Schach   i. Rad fahren

j. zu meinem Freund   k. angeln   l. tanzen

5. Gebroken woorden

a. Ich spiele mit meinen Freunden Fußball. b. Meine Tante Maria spielt Karten. c. Ich gehe zu meinem Freund.

d. Jens geht ins Sportzentrum. e. Ich gehe reiten, wenn es sonnig ist. f. Mein Freund bleibt zu Hause.

g. und macht Hausaufgaben.

6. Vul in

a. Ich mache **Hausaufgaben**. b. Er **bleibt** zu Hause. c. Er **geht** schwimmen. d. Ich **gehe** in den Park.

e. Sie geht ins **Kino**. f. Ich bleibe zu **Hause**. g. Ich gehe **klettern**. h. Ich gehe **Ski** fahren. i. wenn es **schneit**.

j. in meinem **Zimmer**.

Hoofdstuk 15. Vertellen over weer en vrije tijd: LEZEN (Pagina 137)

1. Vind het Duits voor de volgende woorden in de tekst van Pietro

a. Ich komme aus b. Ich bin elf Jahre alt. c. deshalb mag ich es d. Wenn die Sonne scheint e. wenn es heiß ist

f. in den Park g. mit meinem Hund h. sehr klein i. an den Strand j. einen Badeanzug

2. Vind het Duits voor de volgende woorden in de tekst van Chloé

a. Wenn es heiter ist b. immer c. ins Schwimmbad d. Ich gehe auch oft e. ein bisschen langweilig

f. ich gehe mit meinen Freunden aus g. ein Hemd h. heißt i. sie bleibt j. zu Hause

3. Vul de beweringen over de tekst van Isabela aan

a. Ze is **vijftien** jaar oud. b. Ze koopt graag **t-shirts** en **jassen**. c. Ze houdt ervan als het buiten **stormt**.

d. Als het stormt, speelt ze **computerspelletjes** of **kaarten** met haar **kleine** broer. e. Isabela houdt niet van **koud** weer.

f. Haar huisdier kan Italiaans **spreken**.

4. Beantwoord onderstaande vagen over Ana Laura in het Duits

a. Sie kommt aus Brasilien. b. Sie ist zwölf Jahre alt. c. In ihrer Freizeit singt sie gern. d. Sie mag kaltes Wetter.

e. Wenn es kalt ist, geht sie ins Einkaufszentrum. f. Wenn es heiß ist, bleibt sie zu Hause. g. Sie mag die Hitze nicht.

h. Ihr Lieblingsfilm ist Frozen 2.

5. Vind iemand die

a. Chloé b. Chloé c. Ana Laura d. Isabela e. Isabela f. Chloé g. Pietro h. Ana Laura i. de vader van Chloé

Hoofdstuk 15. Vertellen over weer en vrije tijd: SCHRIJVEN (Pagina 138)

1. Gesplitste zinnen

Ich mag es, wenn **es kalt ist**. Ich mag es **nicht, wenn es regnet**. Wenn das Wetter schlecht ist, **bleibe ich zu Hause.**

Wenn es heiß ist, gehe ich an **den Strand**. Unwetter sind **sehr schön**.

Wenn das Wetter schön ist, gehe **ich an den Strand**. Wenn es sehr kalt ist, trage **ich einen warmen Mantel**.

Wenn es schneit, **gehe ich Ski fahren**.

2. Vul het juiste woord uit onderstaande tabel in

a. **Wenn** es kalt ist, trage ich einen Schal. b. Unter der **Woche** mache ich meine Hausaufgaben.

c. Wenn es **regent**, **bleibe** ich zu Hause. d. Wenn es neblig **ist**, gehe ich nicht Ski **fahren**.

e. Wenn es **windig** ist, gehe ich surfen. f. Wenn es **sonnig** ist, gehe ich wandern auf dem Land.

g. Wenn das Wetter **schlecht** ist, bleibt mein Freund Alex in **seinem** Zimmer.

3. Vind en verbeter de grammaticale fouten en spelfouten [let op: in sommige zinnen ontbreekt een woord]

a. Wenn es windig ist, **gehe** ich ~~gehe~~ ins Fitnessstudio. b. Wenn es neblig **ist**, spielt meine Freundin Mia Tennis.

c. Ich liebe Unwetter, denn sie **sind** sehr schön. d. Wenn das Wetter ~~ist~~ schlecht **ist**, bleibe ich zu Hause.

e. Wenn es neblig ist, ~~speile~~ **spiele** ich nicht gern Golf. f. Am Wochenende gehe ich mit meinem Hund an ~~die~~ **den** Strand.

g. Wenn es sonnig ist, ~~tragen~~ **trage** ich ein weißes Hemd.

h. Ich **trage** immer ~~trage~~ Sportschuhe, wenn ich Fußball ~~spielen~~ **spiele**.

i. Du trägst gern warme Klamotten, wenn es ~~ist~~ kalt **ist**.

4. Vul de woorden aan

a. **kalt**   b. **heiß**   c. **bewölkt**   d. **wenn**   e. **sonnig**   f. **windig**   g. **neblig**

5. Geleid schrijven - beschrijf in 3 korte alinea's onderstaande personen in de eerste persoon [ik]

Matthias: Ich heiße Matthias. Ich wohne in Köln. Wenn das Wetter schön ist, gehe ich mit meinen Freunden in den Park.

Ingrid: Ich heiße Ingrid. Ich wohne in Sylt. Wenn es sonnig und windig ist, gehe ich mit meinem Hund an den Strand.

Chris: Ich heiße Chris. Ich wohne in Wien. Wenn es kalt und regnerisch ist, bleibe ich mit meiner großen Schwester zu Hause.

6. Beschrijf deze persoon in het Duits in de 3e persoon [zij]

Sie heißt Hanna. Sie wohnt in Rostock. Sie ist dreizehn Jahre alt. Sie hat einen braunen Hund. Wenn das Wetter schön und warm ist, geht sie in den Park und spielt sie mit ihren Freunden Fußball. Sie bleibt nie zu Hause und macht nie Hausaufgaben.

Tijd voor Grammatica 15: SPIELEN, MACHEN, GEHEN + SEIN & HABEN   (Pagina 140)

Training

1. Vul steeds één van de volgende werkwoorden in: *habe - gehe - bin - spiele - mache*

a. ich **mache** Sport   b. ich **gehe** in den Park   c. ich **habe** eine Katze   d. ich **spiele** Fußball   e. ich **spiele** Karten

f. ich **habe** einen Hund   g. ich **bin** fünfzehn Jahre alt   h. ich **habe** zwei Haustiere   i. ich **gehe** ins Kino   j. ich **gehe** klettern

k. ich **gehe** Rad fahren   l. ich **spiele** Schach   m. ich **bin** glücklich   n. ich **habe** braune Augen   o. ich **habe** blonde Haare

2. Herschrijf de zinnen in de eerste kolom in de derde persoon enkelvoud

Ich spiele Tennis. – **Er spielt Tennis.**   Ich gehe ins Kino. – **Er geht ins Kino.**   Ich habe eine Katze. – **Er hat eine Katze.**

Ich bin groß. – **Er ist groß.**   Ich mache Yoga. – **Er macht Yoga.**

3. Vertaal naar het Nederlands

a. Wij gaan zwemmen.   b. Wij spelen schaak.   c. Zij doen niets.   d. Zij gaan naar de bioscoop.

e. Wij hebben twee honden.   f. Jullie maken huiswerk.   g. Hij heeft geen broers of zussen.   h. Ik kom niet uit Zürich.

i. Wat doe jij?

4. Vul in

a. Ich **gehe** ins Schwimmbad.   b. Meine Mutter **geht** ins Kino.   c. Wir **gehen** oft ins Kino.   d. Mein Bruder **hat** eine Katze.

e. Sie **sind** dreizehn Jahre alt, aber ich **bin** elf.   f. Meine Eltern **haben** rote Haare.

g. Mein Bruder und ich **machen** Kampfsport.

5. Vul telkens het juiste werkwoord in

a. Ich **gehe** oft mit meinen Eltern ins Kino.   b. Meine Schwester und ich **gehen** in den Park.

c. Meine Mutter **hat** lange blonde Haare.   d. Mein Cousin **ist** sehr groß und sportlich.

e. Meine Brüder **gehen** oft an den Strand.   f. Wenn das Wetter gut ist, **macht** er Sport.

g. Sie **spielen** am liebsten Volleyball.   h. Was **machst** du am liebsten in deiner Freizeit?

6. Vertaal naar het Duits

a. Ich spiele oft im Park Tennis.   b. Meine Mutter geht am Wochenende in die Stadt.   c. Mein Bruder ist groß und schlank.

d. Er hat blonde Haare und blaue Augen.   e. Mein Vater ist vierzig Jahre alt.   f. Mein Bruder geht ins Fitnessstudio.

g. Sie gehen oft ins Schwimmbad.

Even Herhalen 4: Kleding/Vrije tijd/Weer

1. Activiteiten - Combineer

Ich mache Hausaufgaben. – Ik maak huiswerk.   **Ich mache Sport.** – Ik doe aan sport.

Ich spiele Basketball. – Ik speel basketbal.   **Ich spiele Karten.** – Ik speel kaarten.

Ich gehe ins Kino. – Ik ga naar de bioscoop.   **Ich gehe ins Schwimmbad.** – Ik ga naar het zwembad.

Ich gehe ins Fitnessstudio. – Ik ga naar de sportschool.   **Ich gehe shoppen.** – Ik ga winkelen.

Ich gehe schwimmen. – Ik ga zwemmen.   **Ich gehe reiten.** – Ik ga paardrijden.

Ich gehe an den Strand. – Ik ga naar het strand.   **Ich gehe klettern.** – Ik ga klimmen.

2. Weer - Vul in

a. Es ist k**alt**.   b. Es ist he**iß**.   c. Es ist son**nig**.   d. Es ist neb**lig**.   e. Das Wet**ter** ist sch**ön**.   f. Das We**tter ist** schl**echt**.

g. Es ist stü**rmisch**.   h. Es ist wi**ndig**.   i. Es re**gnet**.

3. Vul de ontbrekende Duitse woorden in

a. Wenn es **kalt** ist, trage ich einen **Mantel**.   b. Wenn das **Wetter schlecht** ist, **bleibe** ich zu Hause.

c. Wenn es **sonnig** ist, gehe ich an den **Strand**.   d. Wenn ich **Yoga** mache, **trage** ich einen **Trainingsanzug**.

e. Wenn es **heiß** ist, gehe ich **ins Schwimmbad**.   f. Am Wochenende **mache** ich **meine Hausaufgaben.**

g. Wenn ich **Zeit habe, gehe ich klettern.**

4. Vertaal naar het Duits

a. Wenn es heiß ist   b. Wenn es kalt ist   c. Ich spiele Basketball.   d. Ich mache meine Hausaufgaben.   e. Ich gehe klettern.

f. Wenn ich Zeit habe   g. Ich gehe ins Schwimmbad.   h. Ich gehe ins Fitnessstudio.

5. Vertaal naar het Duits

a. Ich trage einen Mantel/eine Jacke.   b. Wir tragen eine Uniform.   c. Sie spielen Basketball.   d. Sie geht klettern.

e. Er hat Zeit.   f. Sie gehen schwimmen.

Vraagvaardigheden 3: Kleding/Vrije tijd/Weer

1. Vertaal naar het Nederlands

a. Wat draag jij, als het koud is?   b. Hoe is het weer, waar jij woont?   c. Wat doe jij in jouw vrije tijd?   d. Doe je aan sport?

e. Hoe vaak speel je basketbal?   f. Waarom houd je niet van voetbal?   g. Waar ga je klimmen?

h. Was is jouw lievelingssport?

2. Vul het ontbrekende vraagwoord in

a. **Wo** wohnst du?   b. **Welchen** Sport machst du?   c. **Was** magst du lieber, Tennis oder Schach?

d. **Wo/Wann** gehst du schwimmen?   e. **Wie** findest du meine Schuhe?   f. **Was** machst du gern in deiner Freizeit?

g. Mit **wem** spielst du Tennis?   h. **Wie** oft gehst du reiten?   i. **Warum** spielst du nicht mit mir? :-(

3. Gesplitste vragen

Was machst du in **deiner Freizeit?**   Wie oft gehst **du klettern?**   Gehst du **oft ins Kino?**   Mit wem **spielst du Schach?**

Was trägst **du am liebsten?**   Was macht **dein Bruder nach der Schule?**   Hast du viele **Klamotten?**

Was für Klamotten **trägst du, wenn es kalt ist?**

4. Vertaal naar het Duits

a. Was?   b. Wo?   c. Wie?   d. Wann?   e. Mit wem?   f. Wie viel?   g. Welche?   h. Woher?   i. Warum?

5. Schrijf de vragen bij de antwoorden

a. Was trägst du, wenn es kalt ist?   b. Was machst du am Wochenende?   c. Wie spät gehst du ins Fitnessstudio?

d. Wie viele Trainingsanzüge hast du?   e. Mit wem spielst du Tennis?   f. Wo gehst du schwimmen?

g. Wie oft gehst du klettern?

6. Vertaal naar het Duits

a. Wo spielst du Tennis?   b. Was machst du in deiner Freizeit?   c. Wie viele Schuhe hast du?

d. Was ist dein Lieblingssport?   e. Machst du oft Sport?   f. Wann machst du Hausaufgaben?

THE LANGUAGE GYM

Hoofdstuk 16 - Vertellen over mijn dagelijkse routine

Hoofdstuk 16. Vertellen over mijn dagelijkse routine: WOORDENSCHAT (Deel 1) (Pagina 145)

1. Combineer

Ich stehe auf – Ik sta op **Ich fahre zur Schule** – Ik ga naar school **Ich gehe ins Bett** – Ik ga naar bed

Ich esse zu Mittag – Ik lunch **Ich esse zu Abend** – Ik dineer **Ich frühstücke** – Ik ontbijt

Ich entspanne mich – Ik ontspan me **Ich komme wieder nach Hause** – Ik kom weer thuis.

2. Vertaal naar het Nederlands

a. Ik sta om zes uur op. b. Ik ga om elf uur naar bed. c. Ik lunch om twaalf uur. d. Ik ontbijt om zeven uur.

e. Ik kom om half vier weer thuis. f. Ik dineer om zeven uur. g. Ik kijk televisie. h. Ik luister naar muziek.

i. Ik verlaat om half acht het huis.

3. Vul de ontbrekende letter in

a. Ich entspanne mich. b. Dann komme ich ... c. ... wieder nach Hause. d. Ich sehe fern. e. Ich frühstücke

f. Ich esse zu Abend. g. Ich gehe zur Schule. h. Ich stehe auf. i. Ich gehe ins Bett. j. Ich esse zu Mittag.

4. Vul het ontbrekende woord in

a. Ich **gehe** zur Schule. b. Ich gehe **aus** dem Haus. c. Ich **komme** wieder nach Hause. d. Ich **sehe** fern.

e. Ich **mache** Hausaufgaben. f. Ich **höre** Musik. g. Ich **spiele** am Computer. h. Ich esse um zwölf Uhr zu **Mittag**.

i. Dann **packe** ich meine Schultasche.

5. Slechte vertaling - vind en verbeter alle vertaalfouten

a. Ik ~~douche~~ ontspan me een beetje. b. Ik ga ~~'s middags~~ **om middernacht** naar bed. c. Ik maak ~~jouw~~ **mijn** huiswerk.

d. Ik ~~lunch~~ ontbijt. e. Ik ~~kom terug van~~ **ga naar** school. f. Ik ~~verlaat het huis~~ **kom weer thuis**.

g. Ik ~~luister naar muziek~~ **kijk tv**. h. Ik verlaat ~~school~~ het huis. i. Ik ~~was mijn handen~~ **poets mijn tanden**.

6. Vertaal de tijden naar het Duits

a. um halb sieben b. um halb acht c. um zwanzig nach acht d. um zwölf Uhr e. um zwanzig nach neun

f. um elf Uhr g. um Mitternacht h. um Viertel nach fünf i. um Viertel vor zehn

Hoofdstuk 16. Vertellen over mijn dagelijkse routine: WOORDENSCHAT (Deel 2) (Pagina 146)

1. Vul de tabel in

Ich gehe ins Bett. – Ik ga naar bed. **Ich putze mir die Zähne.** – Ik poets mijn tanden. **Ich stehe auf.** – Ik sta op.

Ich gehe nach Hause. – Ik ga naar huis. **Ich esse zu Mittag.** – Ik lunch. **Ich frühstücke.** – Ik ontbijt.

Ich esse zu Abend. – Ik dineer. **Ich höre Musik.** – Ik luister naar muziek. **Ich gehe aus dem Haus.** – Ik verlaat het huis.

Ich sehe fern. – Ik kijk tv. **Ich entspanne mich.** – Ik ontspan me. **Ich dusche mich.** – Ik douche.

Ich ziehe mich an. – Ik kleed me aan.

2. Vul de zinnen in met de gegeven woorden in onderstaande tabel

a. um halb **acht** b. **gegen** fünf Uhr c. um elf Uhr **morgens** d. um zwölf Uhr **mittags** e. um **Viertel** nach elf

f. gegen zwanzig **vor** drei g. um **Mitternacht** h. gegen vier **Uhr** i. um **fünf** nach zehn j. um fünf vor **halb** neun.

3. Vertaal naar het Nederlands (in cijfers)

a. om 8:30 uur b. om 9:15 uur c. om 11:55 uur d. om 12:00 uur e. om 00:00 uur f. om 7:35 uur g. om 2:15 uur

h. om 21:30 uur

4. Vul in

a. um **halb** sechs b. gegen Viertel nach acht c. mittags d. um zwanzig vor neun e. um Mitternacht

f. um fünf nach halb zwölf g. gegen neun Uhr. h. um zehn vor drei.

5. Vertaal naar het Nederlands

a. Ik sta om half zeven op.   b. Ik kom om vier uur weer thuis.   c. Tegen zes uur kijk ik tv.

d. Om vijf uur maak ik mijn huiswerk.   e. Ik ontbijt om kwart voor zeven.   f. Ik ga tegen elf uur naar bed.

g. Tegen één uur lunch ik.

6. Vertaal naar het Duits

a. Ich stehe um halb sechs auf.   b. Ich komme um fünf Uhr wieder nach Hause.   c. Gegen acht Uhr entspanne ich mich.

d. Dann sehe ich fern.   e. Ich frühstücke um Viertel nach acht.   f. Ich gehe gegen zehn Uhr ins Bett.

g. Ich mache um Mitternacht das Licht aus.

Hoofdstuk 16. Vertellen over mijn dagelijkse routine: LEZEN (Deel 1)   (Pagina 147)

1. Beantwoord de volgende vragen over Hiroto

a. Japan   b. tegen zes uur   c. met zijn vader en zijn kleine broer   d. tegen half acht   e. tot zes uur   f. op de fiets

2. Vind het Duits voor de onderstaande zinnen in de tekst van Hiroto

a. gegen elf Uhr   b. mit meinen Freunden   c. ich fahre mit dem Fahrrad   d. dann gehe ich in den Park

e. Dann dusche ich mich   f. Ich esse nicht viel   g. Von sechs bis sieben   h. Danach sehe ich einen Film

3. Vind het Duits voor de volgende woorden in de tekst van Gregorio

a. Ich komme aus Mexiko.   b. Dann dusche ich mich   c. mit meinen zwei Brüdern

d. Dann entspanne ich mich ein bisschen   e. Ich esse Reis oder Salat.   f. Meistens surfe ich im Internet.

g. Später sehe ich fern.

4. Vul de beweringen over de tekst van Andreas aan

a. Hij staat op om **vijf uur**.   b. Hij komt terug van school tegen **half vier**.

c. Als ontbijt eet hij **muesli met melk en een beetje fruit**.   d. Hij ontbijt met **zijn moeder en zijn zus**.

e. Na het opstaan **joggt** hij en dan doucht hij.   f. Meestal **speelt** hij **PlayStation** tot middernacht.

g. Na het ontbijt, poetst hij zijn tanden en dan **pakt hij zijn schooltas in**.

Hoofdstuk 16. Vertellen over mijn dagelijkse routine: LEZEN (Deel 2)   (Pagina 148)

1. Vind het Duits voor de volgende woorden in de tekst van Yang

a. ich komme aus China.   b. Mein Tagesablauf   c. Zuerst dusche ich mich   d. sehr einfach   e. gegen halb sieben

f. Ich esse nicht viel.   g. Meistens sehe ich fern   h. und ich gehe zur Schule   i. ich mache meine Hausaufgaben.

j. Von sechs bis halb acht   k. ich sehe einen Film

2. Vertaal onderstaande woorden uit de tekst van Kim

a. Ich bin Engländerin   b. meistens   c. gegen halb sechs   d. mit meiner Mutter und meiner Stiefschwester

e. ich komme nach Hause   f. Um drei Uhr   g. esse ich mit meiner Familie zu Abend.

h. Dann entspanne ich mich ein bisschen   i. ich putze mir die Zähne

3. Beantwoord de volgende vragen over de tekst van Anna

a. Italiaanse   b. om kwart over zes   c. ontspannen, op internet surfen en tv kijken of lezen   d. met de bus

e. met haar grote zus   f. tegen half twaalf   g. fruit of salade   h. een spannend boek

4. Vind iemand die ...

a. Anna   b. Kim   c. Anna   d. Kim   e. Yang.   f. Kim   g. Anna

Hoofdstuk 16. Vertellen over mijn dagelijkse routine: SCHRIJVEN   (Pagina 149)

1. Gesplitste zinnen

Ich fahre mit **dem Bus zur Schule.**   Ich komme um vier Uhr **wieder nach Hause.**   Ich mache meine **Hausaufgaben.**

Ich sehe **ein bisschen fern.**   Dann spiele ich am **Computer.**   Ich stehe um **sechs Uhr auf.**

Ich gehe um **Mitternacht ins Bett.**   Ich gehe um elf aus **dem Haus.**

2. Vul telkens een woord uit onderstaande tabel in

a. Ich stehe morgens **um** sieben Uhr auf.   b. Ich mache **meine** Hausaufgaben.   c. Ich **sehe** fern.

d. Ich **spiele** am Computer.   e. Ich gehe um Mitternacht ins **Bett**.   f. Ich komme um drei Uhr wieder **nach** Hause.

g. Ich gehe **aus** dem Haus.   h. Ich fahre mit dem **Bus** zur Schule.

3. Vind en verbeter de grammaticale fouten en spelfouten [in sommige zinnen ontbreekt een woord]

a. Ich ~~fahren~~ fahre mit dem Fahrrad zur Schule.   b. Ich stehe ~~auf~~ um halb acht **auf**.

c. Ich ~~gehen~~ gehe um acht Uhr aus **dem** Haus.   d. Ich komme wieder **nach** Hause.

e. Ich ~~fahrt~~ fahre mit **dem** Bus zur Schule.   f. Ich ~~gehst~~ gehe um elf Uhr ins Bett.

g. Ich ~~essen~~ esse **um** ~~veirtel~~ Viertel vor acht zu Abend.   h. Ich mache um halb sechs ~~miene~~ meine Hausaufgaben.

4. Vul de woorden aan

a. Viertel b. **halb** c. um **zehn** Uhr d. **gegen** e. **um** acht **Uhr** f. **zwanzig** g. **dann** h. **zuerst** i. **ich komme wieder**

j. **ich spiele**

5. Geleid schrijven – schrijf 3 korte alinea's in de eerste persoon [ik] m.b.v. onderstaande gegevens

Basti: Ich heiße Basti. Um halb sieben stehe ich auf. Dann dusche ich mich um sieben Uhr. Um fünf nach acht gehe ich zur Schule. Ich komme um halb vier wieder nach Hause. Ich sehe fern um sechs Uhr. Um zehn nach acht esse ich zu Abend. Um zehn nach elf gehe ich ins Bett.

Luzi: Ich heiße Luzi. Um zehn nach halb sieben stehe ich auf. Dann dusche ich mich um zehn nach sieben. Um zwanzig vor acht gehe ich zur Schule. Ich komme um vier Uhr wieder nach Hause. Ich sehe fern um halb sieben. Um Viertel nach acht esse ich zu Abend. Um zwölf Uhr/Mitternacht gehe ich ins Bett.

Mehmet: Ich heiße Basti. Um Viertel nach sieben stehe ich auf. Dann dusche ich mich um halb acht. Um acht Uhr gehe ich zur Schule. Ich komme um Viertel nach drei wieder nach Hause. Ich sehe fern um zehn nach halb sieben. Um zwanzig nach acht esse ich zu Abend. Um halb zwölf gehe ich ins Bett.

Even Herhalen 5: Kleding/Voedsel/Vrije Tijd/Mensen beschrijven   (Pagina 150-151)

1. Kleding - Combineer

ich trage – ik draag   **einen Anzug** – een (net) pak   **eine Wollmütze** – een wollen muts   **eine Krawatte** – een stropdas

einen Rock – een rok   **ein Kleid** – een jurk   **ein Hemd** – een overhemd   **ein T-Shirt** – een t-shirt

Jeans – een spijkerbroek   **Socken** – sokken   **eine Hose** – een broek

2. Voedsel - Geef bij onderstaande aanwijzingen een woord dat begint met de aangegeven letter

Een fruitsoort met een **Ä** – **Äpfel**   Een groente met een **T** – **Tomaten**   Een melkproduct met een **J** – **Joghurt**

Een vleessoort met **Sch** – **Schnitzel**   Een drankje met een **O** – **Orangensaft**

Een drankje gemaakt van appels met **A** – **Apfelsaft**   Een zoet toetje met een **E** – **Eis**

Een fruitsoort met een **E** – **Erdbeeren**

3. Vul de onderstaande vertalingen aan

a. Sch**uhe**   b. H**o**se   c. H**aa**re   d. lo**ck**ige   e. bl**au**e   f. Mil**ch**   g. W**a**sser   h. N**u**deln   i. Ar**b**eit   j. Klam**o**tten

4. Sorteer de woorden naar de juiste categorie

Kleidung: Hemd, Anzug, Hut, Krawatte   **Farben:** orange, blau, rosa, rot

Berufe: Anwalt, Lehrerin, Koch, Journalist   **Essen:** Fleisch, Käse, Reis, Hähnchen

5. Combineer vragen en antwoorden

Was ist dein Lieblingsberuf? – **Journalist**   Was ist deine Lieblingsfarbe – **Blau**

Was isst du am liebsten zum Frühstück? – **Haferbrei mit Rosinen**

Was trägst du im Fitnessstudio? – **Einen Trainingsanzug**   Wer ist dein Lieblingslehrer? – **Mein Kunstlehrer**

Was ist dein Lieblingsgetränk? – **Apfelsaft**   Was ist dein Lieblingshobby? – **Schach**

6. (Vrije tijd) Vul in wat past: *mache, gehe* **of** *spiele*

a. Ich **mache** jeden Tag Sport.   b. Ich **spiele** nie Basketball.   c. Ich **gehe** oft ins Fitnessstudio.

d. Ich **mache** immer meine Hausaufgaben.   e. Manchmal **spiele** ich am Computer.

f. Heute **gehe** ich nicht ins Schwimmbad.   g. In meiner Freizeit **mache** ich gern Judo.

7. Vul het ontbrekende werkwoord in, kies het antwoord uit onderstaande tabel

a. Ich **trinke** oft Orangensaft.   b. Ich **liebe** Erdbeeren!

c. Wenn ich die Hausaufgaben gemacht habe, **gehe** ich ins Fitnessstudio oder ich **spiele** am Computer.

d. Ich **mache** viel Sport.   e. Morgens **esse** ich nicht viel. Nur einen Toast mit Marmelade.

f. Mein Vater **arbeitet** als Ingenieur. Ich **arbeite** noch nicht. Ich **bin** Student.

g. Ich **sehe** nicht gern Zeichentrickfilme. Ich **finde** Serien auf Netflix besser.   h. Morgens **stehe** ich gegen sechs Uhr auf.

8. Bijwoorden van frequentie - Vertaal

a. nie – **nooit** b. ab und zu – **af en toe**   c. immer – **altijd**   d. jeden Tag – **elke dag**   e. selten – **zelden**

f. einmal pro Woche – **één keer per week**   zweimal pro Monat – **twee keer per maand**

9. Gesplitste zinnen (Verstandhoudingen)

Ich verstehe mich gut mit **meiner Mutter.**   Ich verstehe mich nicht **gut mit Max.**

Meine Eltern sind immer **sehr großzügig.**   Ich **liebe meine Oma.**   Mein Bruder **ist supernervig.**

Ich mag meinen **Opa sehr.**   Meine Freundin wohnt **im Stadtzentrum.**   Ich hasse meine **Cousine.**

Ich verstehe **mich gut mit ihm.**   Mein Bruder und ich **verstehen uns gut.**

10. Vertaal naar het Duits

a. Ich spiele jeden Tag Tennis.   b. Ich trage manchmal eine Jacke/einen Mantel.   c. Ich gehe oft ins Fitnessstudio.

d. Ich sehe nicht gern Zeichentrickfilme.   e. Ich stehe gegen sechs Uhr auf.   f. Ich dusche mich zweimal pro Tag.

11. Vul de vertaling aan

a. Mein Bruder ist **Anwalt.**   b. Ich **arbeite** nicht. Ich bin **Student.**   c. Ab und zu **gehe** ich mit meinem Vater ins Kino.

d. Ich **sehe** nie fern.   e. Ich **hasse** meine Lehrer.   f. Meine Eltern sind meistens sehr **streng.**   g. Ich **gehe nie** joggen.

h. Ich **spiele** am liebsten **Schach.**

Hoofdstuk 17 - Mijn huis beschrijven
Tijd voor Grammatica 16, 17 en 18

Hoofdstuk 17. Mijn huis beschrijven: WOORDENSCHAT (Deel 1) (Pagina 154)

1. Combineer

ich wohne – ik woon   **in einem Haus** – in een huis   **in einer Wohnung** – in een appartement

im Wohnzimmer – in de woonkamer   **hier kann ich** – hier kan ik   **auf dem Land** – op het (platte)land

am Stadtrand – in de buitenwijken   **einfach nichts tun** – gewoon niks doen

2. Vertaal naar het Nederlands

a. Ik woon in een oud huis.   b. Ik woon in een nieuw appartement.   c. Mijn appartement is in de buitenwijken.

d. In de woonkamer kan ik rustig televisie kijken.   e. Mijn lievelingskamer is mijn slaapkamer.

f. Ik ben graag in de keuken, want die is erg modern.   g. Het balkon is mijn lievelingsplek in mijn huis.

h. Ik houd van het balkon, want hier kan ik mij goed ontspannen.   i. In de tuin kan ik rustig een boek lezen.

3. Vul de ontbrekende woorden in

a. Ich wohne **an** der Küste.   b. Ich **mag/liebe** mein Haus.   c. Ich **wohne** in einem alten, aber **schönen** Haus.

d. Ich entspanne mich **gern** im Wohnzimmer.   e. Mein **Haus** ist am Stadtrand.   f. Ich **dusche** mich nie im Garten!

g. Ich bin **gern** auf dem Klo.

4. Vul de woorden aan

a. in einem **Haus**.   b. am **Stadtrand**   c. Das **Haus** ist neu.   d. **Ich** mag den **Balkon**.   e. **auf** der **Terrasse**.

f. in einer kleinen **Wohnung**.

5. Sorteer onderstaande woorden naar categorie

Bijwoord & Bijw. bep.: a, c, g, k   **Zelfst. nw.:** h, n, o   **Werkwoorden:** b, d, l, m   **Bijv. nw.:** e, f, i, j

6. Vertaal naar het Duits

a. Ich wohne in einer alten Wohnung.   b. Ich wohne in einem neuen Haus.   c. im Stadtzentrum

d. Ich entspanne mich gern in der Küche.   e. Ich bin gern im Badezimmer.   f. Im Garten kann ich einfach nichts tun.

g. Mein Lieblingszimmer ist die Küche.

Hoofdstuk 17. Mijn huis beschrijven: WOORDENSCHAT (Deel 2) (Pagina 155)

1. Gesplitste woordgroepen

auf der **Terrasse**   in der **Küche**   einfach **nichts tun**   im **Wohnzimmer**   ich wohne in **einer Wohnung**

mein Lieblings**ort**   ich mag den **Balkon**   Musik **hören**

2. Gebroken woorden

a. Ich entspanne mich **gern**.   b. Ich wohne in den **Bergen**.   c. Ich bin oft im **Wohnzimmer**.   d. Hier kann ich **schön** ...

e. ... in der Sonne **sitzen**.   f. Mein **Lieblingszimmer** ist ...   g. ... das **Klo**.

3. Vertaal naar het Nederlands

a. Ik woon in een oud huis.   b. Het is in de buitenwijken.   c. Het is groot, maar lelijk.   d. Mijn lievelingsplek is het toilet.

e. Ik ben vaak op het terras.   f. Ik werk graag in de eetkamer.   g. Ik ontspan mij graag.   h. Hier kan ik rustig lezen.

i. Ik douche mij vaak in de tuin.

4. Vul de ontbrekende woorden uit onderstaande tabel in

a. Ich **entspanne** mich gern.   b. Sie ist klein, aber **schön**.   c. Es ist im **Stadtzentrum**.   d. Sie ist am **Stadtrand**.

e. Ich wohne in einem **großen** Haus.   f. Das Haus ist in den **Bergen**.   g. Mein **Lieblings**zimmer ist ...

h. Hier **kann** ich einfach nichts tun.   i. Ich bin gern in meinem **Zimmer**.   j. Es **gibt** vier Zimmer.

5. 'der', 'die' of 'das'?

a. **die** Küche   b. **das** Wohnzimmer   c. **das** Esszimmer   d. **der** Balkon   e. **der** Garten   f. **der** Keller   g. **das** Klo

h. **die** Terrasse   i. **der** Dachboden   j. **das** Arbeitszimmer

6. Slechte vertaling - vind alle vertaalfouten en verbeter ze

a. Ik woon in een ~~klein~~ **mooi** huis.   b. Mijn lievelingskamer is de ~~eetkamer~~ **woonkamer**.

c. Hier kan ik ~~me~~ rustig ~~ontspannen~~ **tv kijken**.   d. Ik woon in een ~~groot~~ **klein** appartement.

e. Ik vind mijn huis ~~niet~~ leuk, want het is groot en ~~lelijk~~ **mooi**.   f. In de ~~keuken~~ **eetkamer** kan ik goed werken.

g. In mijn kamer kan ik **erg** goed naar muziek luisteren.

Hoofdstuk 17. Mijn huis beschrijven: LEZEN   (Pagina 156)

1. Beantwoord de volgende vragen over Dante

a. Italië   b. Het is mooi en groot.   c. 10   d. De keuken omdat hij graag kookt.   e. In zijn kamer.

f. In een klein huis in de bergen.   g. Nee, want het is erg klein.

2. Vind het Duits voor onderstaande woorden in de tekst van Michael

a. Ich wohne in einem Reihenhaus.   b. Zu Hause sprechen wir   c. aus der französischen Schweiz

d. es gibt auch einen großen Garten.   e. weil ich (super)gern esse.   f. Ich sehe immer Zeichentrickfilme

g. Ich kann hier in Ruhe arbeiten   h. wenn ich Hausaufgaben habe.

3. Vind in de tekst van Ariane het Duits voor de volgende woorden

a. Ich komme aus Österreich.   b. Ich stehe jeden Morgen um fünf Uhr auf   c. weit weg von der Schule

d. Die Wohnung ist sehr alt.   e. und ein bisschen hässlich   f. aber ich mag sie.   g. zum Beispiel lese ich Bücher

4. Vind iemand die: welke persoon ...

a. Ariane   b. Michael   c. Dante   d. Lenny   e. Michael   f. Ariane   g. Michael   h. Dante

Hoofdstuk 17. Mijn huis beschrijven: VERTALEN   (Pagina 157)

1. Vertalingen met gaten

a. Ik woon in de **bergen**.   b. Ik woon in een **klein** lelijk appartement.   c. Het is in de **buitenwijken**.

d. Ich **wohne** im **Stadtzentrum**.   e. In meinem Haus **gibt** es fünf Zimmer.   f. Ich mag die **Küche** nicht, weil sie sehr **alt** ist.

2. Vertaal naar het Nederlands

a. aan de kust   b. op het (platte)land   c. ik woon   d. in het stadscentrum   e. in de eetkamer   f. Hier kan ik rustig eten.

g. Ik ontspan me graag.   h. op mijn kamer   i. op het balkon

3. Vertaal naar het Nederlands

a. Ik woon in een klein maar mooi huis.   b. Mijn huis is modern maar erg lelijk.   c. Mijn lievelingsplek is de tuin.

d. Hier kan ik me goed ontspannen.   e. Ik houd van het balkon, want het is mooi groot.

f. In mijn kamer kan ik rustig muziek luisteren.

4. Vertaal naar het Duits

a. groot – **groß**   b. klein – **klein**   c. in de buitenwijken – **am Stadtrand**   d. aan de kunst – **an der Küste**

e. de woonkamer – **das Wohnzimmer**   f. in de eetkamer – **im Esszimmer**   g. lelijk – **hässlich**

h. in de kamer – **im Zimmer**   i. er zijn – **es gibt**   j. oud – **alt**

5. Vertaal naar het Duits

a. Ich wohne in einem kleinen Haus.   b. im Stadtzentrum   c. In meinem Haus gibt es   d. sieben Zimmer

e. Mein Lieblingszimmer ist   f. das Wohnzimmer   g. Ich entspanne mich gern im Schlafzimmer.

h. Im Wohnzimmer kann ich ruhig fernsehen.   i. Hier kann ich ruhig ein Buch lesen.

j. Ich kann ruhig meine Hausaufgaben machen.

Tijd voor Grammatica 16: WOHNEN + plaatsbepalingen in de 3e naamval   (Pagina 159)
Training
1. Combineer

sie wohnen – zij wonen   **wir wohnen** – wij wonen   **sie wohnt** – zij woont   **ich wohne** – ik woon

ihr wohnt – jullie wonen   **du wohnst** – jij woont

2. Vul de juiste vorm van 'wohnen' in

a. Ich **wohne** in einem schönen Bauernhaus.   b. Wo **wohnst** du?   c. Wir **wohnen** in einem Bungalow am Stadtrand.

d. Sie **wohnt** in einem Haus an der Küste.   e. **Wohnt** ihr in einem Haus oder einer Wohnung?

f. Sie **wohnen** in einer alten Wohnung im Zentrum.   g. Wir **wohnen** in einem Einfamilienhaus am Stadtrand.

h. Mein Vater **wohnt** in einem Bauernhaus.

3. Vul de juiste vorm van 'wohnen' in

a. Meine Mutter und ich **wohnen** in Paris. Mein Vater **wohnt** in Madrid.   b. Wo **wohnt** ihr?

c. Ich **wohne** in London. Mein Bruder **wohnt** in Rom.

d. Meine zwei Onkel **wohnen** in den Vereinigten Staaten, Los Angeles.

e. Meine Freundin **wohnt** nicht hier.   f. Ich **wohne** in einem sehr großen Haus am Stadtrand.

g. Du **wohnst** in einem großen Haus.

4. Vind en verbeter de fouten (maximaal 2 per zin)

a. Ich ~~wohnt~~ **wohne** in einem Hochhaus im Stadtzentrum.   b. Meine Eltern wohnen in ~~einem~~ **einer** Wohnung in Berlin.

c. Meine Freundin ~~wohnen~~ **wohnt** an der Küste.   d. Meine Mutter und ich wohne**n** am Stadtrand.

e. Meine Brüder Max und Leo ~~wohnt~~ **wohnen** in Stuttgart.

f. ~~Meine~~ **Mein** Opa ~~wohne~~ **wohnt** in einem Reihenhaus in Innsbruck.

5. Maak de vertalingen af

a. Meine **Geschwister wohnen** auf dem **Land**.   b. Wir **wohnen** am **Stadtrand**.

c. Meine Oma **wohnt** in einem **Mehrfamilienhaus**.   d. Wo **wohnst** du?   e. Sie **wohnen** in einem **kleinen Haus**.

6. Vertaal naar het Duits

a. Meine Eltern und ich wohnen in einem gemütlichen Haus.

b. Meine Mutter wohnt in einem kleinen Haus an der Küste.

c. Mein Onkel wohnt in einem schönen Haus in den Bergen.

d. Meine Freundin wohnt in einer modernen Wohnung im Zentrum.

e. Meine Schwestern wohnen in einer alten Wohnung in der Stadt.

f. Mein Freund Paco wohnt in einer großen Wohnung im Stadtzentrum.

Tijd voor Grammatica 17: Wederkerende werkwoorden (Deel 1)   (Pagina 160-161)
1. Vul in <u>mich</u>, <u>sich</u> of <u>uns</u>

a. Sie duschen **sich**   b. Ich rasiere **mich**   c. Sie schminkt **sich**   d. Wir waschen **uns**   e. Er macht **sich** fertig

f. Wir amüsieren **uns**   g. Sie entspannen **sich**   h. Ich bade **mich**

2. Vul de juiste vorm van het werkwoord in

a. sie entspannt sich   b. wir duschen uns   c. ich schminke mich   d. er rasiert sich   e. sie machen sich fertig

f. ihr wascht euch   g. er amüsiert sich   h. du putzt dir die Zähne

3. Vertaal naar het Nederlands

a. Ik sta elke ochtend vroeg op, dan douche ik en kleed ik mij aan.

b. Mijn zus doet elke ochtend make-up op. Ik vind dat ze dat niet nodig heeft.

c. Ik scheer me bijna elke dag. Mijn vader scheert zich nooit!

d. Mijn broer poetst maar één keer per dag zijn tanden. Maar ik poets mijn tanden drie keer per dag

e. Mijn vader heeft geen haar. Dus kamt hij zich nooit.

f. Mijn moeder heeft veel haar. Ze kamt het haar twintig minuten lang, voordat ze het huis verlaat.

g. Wij hebben geen badkuip. Dus nemen we nooit een bad, maar douchen wij altijd.

h. Ik was me elke avond, voordat ik naar bed ga.

4. Vind in onderstaande tekst van Maik het Duits voor

a. Zuerst duscht sie sich   b. sie schminkt sich   c. Er duscht sich   d. er kämmt sich die Haare

e. Meine Mutter macht sich fertig für die Arbeit.   f. eine halbe Stunde später   g. immer ziemlich früh   h. als meine Mutter

i. ein bisschen

5. Vind in bovenstaande tekst van Nils het Duits voor

a. Ich stehe immer auf   b. Ich wasche mich   c. ich kämme mir die Haare   d. Dann putze ich mir die Zähne

e. ich mache mich fertig   f. ich rasiere mich   g. meistens Müsli mit Milch   h. Dazu trinke ich

6. Vul in

a. Ich dusche mich.   b. Er rasiert sich.   c. Wir duschen uns.   d. Ihr wascht euch.   e. Ich mache mich fertig.

f. Sie kämmt sich die Haare.   g. Ich putze mir die Zähne.   h. Sie badet sich.

7. Vul in

a. **Sie stehen** um sechs Uhr **auf.**   b. **Sie rasieren sich** um sieben Uhr.   c. **Ich dusche mich** jeden Morgen.

d. **Er rasiert sich** nie.   e. **Wir putzen uns** die Zähne.   f. **Sie schminkt sich** stundenlang.

8. Vertaal

a. Meistens dusche ich mich um sieben Uhr.   b. Er putzt sich die Zähne nie.   c. Wir rasieren uns dreimal pro Woche.

d. Sie stehen früh auf.   e. Er kämmt sich nie die Haare.   f. Ich bade mich nicht.   g. Wir machen uns fertig für die Schule.

h. Sie entspannen sich nie.

Tijd voor Grammatica 18: ES GIBT + onbep. lidw. + bijv. nw. + zelfst. nw.   (Pagina 163-164)
Training

1. Combineer

es gibt – er is/zijn   **wir haben** – we hebben   **oben** – boven   **ein kleines Klo** – een kleine wc

eine große Küche – een grote keuken   **viele Sofas** – veel banken   **außerdem gibt es** – bovendien is/zijn er

einen dunklen Flur – een donkere gang

2. Vul het ontbrekende woord in

a. Wir haben einen **großen** Garten.   b. Unten haben wir eine **moderne** Küche.

c. In meinem Haus gibt es viele **große** Fenster.   d. Unser Haus hat einen **eleganten** Eingang.

e. In meiner Wohnung gibt es ein **kleines** Klo.

3. Omcirkel het bijv. nw. met de juiste verbuiging

a. einen ~~große~~ / ~~großes~~ / **großen** Garten   b. ein ~~gemütliche~~ / **gemütliches** / ~~gemütlichen~~ Klo

c. ein **helles** / ~~helle~~ / ~~hellen~~ Esszimmer   d. eine ~~modernen~~ / ~~modernes~~ / **moderne** Garage

e. viele ~~schönes~~ / ~~schönen~~ / **schöne** Fenster   f. eine ~~modern~~ / **moderne** / ~~modernes~~ Küche

g. einen **dunklen** / ~~dunkle~~ / ~~dunkles~~ Keller   h. ein ~~große~~ / **großes** / ~~großen~~ Wohnzimmer

i. kein ~~schönen~~ / ~~schöne~~ / **schönes** Schlafzimmer

4. Vul de juiste verbuiging in

a. eine große Terrasse   b. einen schönen Eingang   c. eine kleine Küche   d. einen hässlichen Dachboden

e. keinen schönen Garten   f. eine dunkle Treppe   g. ein kleines, aber schönes Klo   h. viele schöne Möbel

i. ein helles und sehr großes Esszimmer

5. Omcirkel het juiste lidwoord

a. **einen** / ~~eine~~ / ~~ein~~ schönen Garten   b. ~~eine~~ / ~~einen~~ / **ein** großes Zimmer   c. **eine** / ~~ein~~ / ~~einen~~ moderne Küche

d. **ein** / ~~eine~~ / ~~einen~~ gemütliches Klo.   e. ~~einen~~ / ~~eine~~ **ein** helles Wohnzimmer   f. ~~eine~~ / ~~ein~~ / **einen** großen Dachboden

g. ~~ein~~ / ~~einen~~ / **eine** schöne Terrasse   h. **eine** / ~~einen~~ / ~~ein~~ neue Tür   i. **ein** / ~~einen~~ / ~~eine~~ großes Zimmer

6. Vul de verbuigingen in. Let erop dat het gat open laten soms het juiste antwoord kan zijn!

a. Wir haben ein**en** schönen groß**en** Garten.   b. Im ersten Stock gibt es ein klein**es** Klo.

c. Außerdem gibt es ein gemütlich**es** Gästezimmer.   d. Mein Bruder hat ein kleiner**es** Zimmer als ich.

e. Leider haben wir keine schön**en** Möbel.   f. Unten gibt es ein**en** hässlich**en** Keller.

g. Oben gibt es ein**en** groß**en** praktisch**en** Dachboden.   h. Außerdem haben wir ein hell**es** Badezimmer.

i. Ich hätte gern ein größer**es** Zimmer.

7. Vind in onderstaande tekst van Ulli het Duits voor de volgende Nederlandse woorden

a. eine kleine Küche   b. ein bisschen unheimlich   c. nicht so schön   d. drei Schlafzimmer   e. ich kann hier nichts machen.

f. größer als meins   g. Unten   h. Es gibt einfach keinen Platz!   i. Immerhin

8. Vind in bovenstaande tekst van Lena het Duits voor de volgende Nederlandse woorden

a. Wir haben   b. ein großes Wohnzimmer   c. ziemlich cool   d. eine schöne neue Küche   e. Mein Lieblingszimmer

f. es ist groß und gemütlich   g. Hier kann ich   h. Leider haben wir   i. das ist schade.

9. Beantwoord de volgende vragen over Maik

a. in de bergen   b. gezellig   c. zijn eigen kamer   d. veel posters   e. een grote zolder   f. oude ski's en snowboard

g. Hij vindt het cool.

10. Geleid schrijven - schrijf 2 korte alinea's in de eerste persoon [ik] m.b.v. deze gegevens

Lisa: Ich heiße Lisa. Ich wohne in einem schönen Haus am Stadtrand. In meinem Haus gibt es eine moderne Küche, ein kleines Badezimmer und drei Schlafzimmer. Mein Lieblingszimmer ist mein eigenes Zimmer, weil ich hier in Ruhe ein Buch lesen kann. Ich hätte gern einen größeren Garten.

André: Ich heiße André. Ich wohne in einer großen Wohnung im Stadtzentrum. In meiner Wohnung gibt es einen eleganten Eingang und eine alte Küche. Mein Lieblingszimmer ist das Wohnzimmer, weil es hell und gemütlich ist und ich hier fernsehen kann. Ich hätte gern ein helleres Zimmer.

Hoofdstuk 18 - Vertellen wat ik thuis doe

Tijd voor Grammatica 19 en 20

Hoofdstuk 18. Vertellen wat ik thuis doe: WOORDENSCHAT (Deel 1) (Pagina 167)

1. Combineer

ich lese Comics – ik lees strips   **ich sehe einen Film** – ik kijk een film   **ich esse etwas** – ik eet iets

ich lese ein Magazin – ik lees een tijdschrift   **ich ziehe mich an** – ik kleed me aan   **ich quatsche mit** – ik chat met

ich mähe den Rasen – ik maai het gazon   **ich dusche mich** – ik douche

2. Vertaal naar het Nederlands

a. Meestal douche ik tegen zeven uur.   b. Ik ga vaak naar de woonkamer en ik kijk televisie.

c. Voordat ik ga slapen, lees ik een spannend boek.   d. Als ik rust nodig heb, ga ik naar mijn kamer.

e. 's Avonds chat ik vaak met mijn vader.   f. Als ik honger heb, ga ik naar de keuken en eet iets.

g. Soms ga ik naar de woonkamer en speel ik PlayStation met mijn broer.

h. Als ik tijd heb, ga ik naar de tuin en ik speel voetbal.

3. Vul de ontbrekende woorden in

a. Ich **ziehe** mich an.   b. Ich **sehe** einen Film.   c. Ich **lese** ein Buch.   d. Ich **sehe** fern.   e. Ich dusche **mich**.

f. Ich **esse** etwas.   g. Ich **gehe** ins Internet.   h. Ich höre **Musik**.   i. Ich **schlafe** ein bisschen.   j. Ich **übe** Klavier.

4. Vul de woorden aan

a. ich **quatsche**   b. ich **sehe**   c. ich **esse**   d. ich **mache**   e. ich **putze**   f. ich **schlafe**   g. ich **gehe**   h. ich **spiele**

i. ich **übe**   j. ich **poste**   k. ich **mähe**   l. ich **lese**

5. Sorteer naar categorie in onderstaande tabel

Tijd/Frequentie: a, b, c, j, k

Plaatsen in het huis: d, h, o

Wat je in de badkamer doet: g, i

Vrijetijdsactiviteiten: e, f, l, m, n, p

6. Vul in de tabel in welke activiteit je in welke ruimte doet

Ich spiele am Computer in meinem Zimmer.   **Ich sehe fern** im Wohnzimmer.   **Ich dusche mich** im Badezimmer.

Ich mache meine Hausaufgaben in meinem Zimmer.   **Ich übe Trompete** auf dem Dachboden.

Ich entspanne mich im Garten.   **Ich lese ein spannendes Buch** auf dem Balkon.

Hoofdstuk 18. Vertellen wat ik thuis doe: WOORDENSCHAT (Deel 2)   (Pagina 168)

7. Vul de tabel in

Ik kleed me aan. – Ich ziehe mich an.   Ik douche (mezelf). – **Ich dusche mich.**

Ik maak huiswerk. – Ich mache Hausaufgaben.   Ik slaap een beetje. – **Ich schlafe ein bisschen.**

Ik eet iets. – Ich esse etwas.   **Ik chat met mijn broer.** – Ich quatsche mit meinem Bruder.   Ik ontspan me – **Ich entspanne mich.**

8. Meerkeuze quiz

nie – **nooit**   manchmal – **soms**   Zimmer – **kamer**   ich sehe – **ik kijk**   ich esse – **ik eet**   ich lese – **ik lees**

ich gehe aus – **ik ga uit**   Küche – **keuken**   ich spiele – **ik speel**   ich höre – **ik luister**   ich schlafe – **ik slaap**

immer – **altijd**

9. Anagrammen

im Garten – in de tuin   **auf dem Balkon** – op het balkon   **manchmal** – soms   **in der Küche** – in de keuken

auf dem Klo – op de wc   **ich lese** – ik lees   **ich sehe fern** – ik kijk tv

10. Vul in vanuit je geheugen

a. Ich **lese** ein spannendes Buch. b. Ich **putze** mir die Zähne im Bad. c. Ich **sehe** Serien auf Netflix.

d. Ich **höre** nie Popmusik. e. Ich **mache** meine Hausaufgaben. f. Ich **poste** oft Fotos auf Instagram.

g. Am Wochenende **fahre** ich Fahrrad. h. Ich **gehe** gegen ein Uhr aus dem Haus. i. Ich **esse** das Abendessen.

j. Ich **spiele** Karten im Wohnzimmer.

11. Vul in op basis van de gegeven vertaling

a. **Gegen** halb a**cht putze** ich m**ir** die **Zähne.** b. **Gegen Viertel** nach **sieben frühstücke** ich.

c. **Wenn ich Hunger habe gehe** ich in die **Küche.** d. **Ich sehe immer fern,** bevor i**ch schlafen gehe.**

e. **Ich lese** oft **ein Buch im Wohnzimmer.** f. **Ich höre** am liebsten **Musik in** m**einem Zimmer.**

g. **Gegen fünf mache** ich **meine Hausaufgaben.**

12. Gebroken woorden

a. die K**üche** b. auf die Ter**rasse** c. manch**mal** d. im**mer** e. auf dem B**alkon** f. ich lese ein B**uch**

g. in meinem **Zimmer** h. ich esse **etwas** i. ich qu**atsche**

Hoofdstuk 18. Vertellen wat ik thuis doe: LEZEN   (Pagina 169)

1. Beantwoord de volgende vragen over Fabian

a. Frankfurt b. een hond c. Hij gaat naar de sportschool. d. Hij is lui en doet niet aan sport. e. in de woonkamer

f. zijn moeder g. in zijn kamer

2. Vind het Duits voor onderstaande woorden in de tekst van Eddie

a. stell dir vor b. Zuerst dusche ich mich c. gehe aus dem Haus d. auf meinem Pferd e. ich gehe in mein Zimmer

f. ich skype mit meiner Oma g. im Zimmer von meinem Bruder h. Ich quatsche total oft i. wir sind wie beste Freunde!

3. Vind het Duits voor onderstaande woorden in de tekst van Valentina

a. ich komme aus Italien b. Ich wache immer früh auf c. Ich frühstücke nie d. Valeria isst immer mit meinem Vater

e. im Esszimmer f. ins Wohnzimmer g. Am liebsten mache ich

4. Vind iemand die: welke persoon

a. Eddie b. Eddie c. Eddie d. Valentina e. Fabian f. Valentina g. Eddie h. Eddie

Hoofdstuk 18. Vertellen wat ik thuis doe: SCHRIJVEN   (Pagina 170)

1. Gesplitste zinnen

Ich quatsche **mit meiner Mutter.** Ich entspanne **mich im Garten.** Ich mache **das Essen.**

Ich poste Fotos **auf Instagram.** Ich mache meine **Hausaufgaben.** Ich gehe in **die Küche.**

Ich spiele mit **meinem Bruder.** Ich lese **ein spannendes Buch.**

2. Vul steeds het juiste woord uit de tabel in

a. Ich stehe um sechs Uhr morgens **auf.** b. Ich spiele Fußball im **Garten.** c. Ich sehe einen Film in **meinem Zimmer.**

d. Ich höre Musik in der **Küche.** e. Ich mache das **Essen** mit meinem Vater. f. Ich **putze** mir die Zähne.

g. Ich **sehe** gern Science-Fiction-Filme. h. Ich **reite** auf meinem Pferd zur Schule.

3. Vind en verbeter de grammaticale en spelfouten [let op: in sommige zinnen ontbreekt een woord]

a. Ich dusche mich **im** Badezimmer. b. Ich frühstücke in **der** Küche. c. Ich lese in ~~mienem~~ **meinem** Zimmer.

d. Ich ~~speile~~ **spiele am** Computer. e. Ich gehe in ~~der~~ **den** Garten. f. Ich mache meine Hausaufgaben.

g. Ich ~~siehe~~ **sehe** Serien auf Netflix. h. Ich ~~riete~~ **reite** auf meinem Pferd. i. Im Zimmer **von** meinem Bruder.

4. Vul de woorden aan

a. ich früh**stücke** b. in der K**üche** c. in meinem **Zimmer** d. die **Garage** e. Ich g**ehe aus dem Haus.**

f. im W**ohnzimmer** g. im E**sszimmer** h. im **Badezimmer** i. Ich s**ehe Filme ...** j. ... im **Zimmer ...**

k. ... **von** m**einem Bruder.**

THE LANGUAGE GYM

65

5. Geleid schrijven – schrijf 3 alinea's in de eerste persoon [ik] m.b.v. onderstaande gegevens

Marcel: Ich heiße Marcel. Ich stehe um Viertel nach sechs auf. Ich dusche im Badezimmer. Ich frühstücke in der Küche. Ich gehe mit meinem Bruder zur Schule. Nachmittags mache ich das Essen in der Küche. Nach dem Abendessen sehe ich fern im Wohnzimmer.

Tim: Ich heiße Tim. Ich stehe um halb acht auf. Ich dusche im Badezimmer. Ich frühstücke im Esszimmer. Ich gehe mit meiner Mutter zur Schule. Nachmittags mache ich meine Hausaufgaben auf dem Balkon. Nach dem Abendessen lese ich ein Buch.

Marianne: Ich heiße Marianne. Ich stehe um Viertel vor sieben auf. Ich dusche im Badezimmer. Ich frühstücke im Wohnzimmer. Ich gehe mit meinem Onkel zur Schule. Nachmittags höre ich Musik im Garten. Nach dem Abendessen poste ich Fotos auf Instagram.

Tijd voor Grammatica 19: Bestemmingen vs Locaties. Training (Pagina 172)

1. Combineer

im Badezimmer – in de badkamer   **in die Küche** – naar de keuken   **im Garten** – in de tuin

ins Badezimmer – naar de badkamer   **im Wohnzimmer** – in de woonkamer   **in der Küche** – in de keuken

ins Wohnzimmer – naar de woonkamer   **in den Garten** – naar de tuin

2. Vul het voorzetsel en het lidwoord in

a. Ich gehe **ins** Badezimmer. b. Ich bin **im** Wohnzimmer. c. Mein Vater arbeitet **im** Arbeitszimmer

d. Wir gehen **in den** Garten und spielen Fußball. e. Mein Opa geht **in den** Keller und spielt Saxophon.

f. Wir fahren am Wochenende **in die** Berge! g. Ich frühstücke immer **in der** Küche.

3. Onderstreep de juiste optie

a. Ich lese ein Buch **im Badezimmer** / ~~ins Badezimmer~~. b. Nach dem Essen gehe ich ~~im Garten~~ / **in den Garten**.

c. Ich entspanne mich **auf der Terrasse** / ~~auf die Terrasse~~. d. Ich putze mir **im Badezimmer** / ~~ins Badezimmer~~ die Zähne.

e. Mein Onkel geht oft **an den Strand** / ~~am Strand~~. f. Meine Mutter ist **auf dem Dach** / ~~auf das Dach~~.

g. Ich bin oft **in der Garage** / ~~in die Garage~~. h. Meine Schwester geht ~~in der Küche~~ / **in die Küche**.

4. Vul de locatie aan met het juiste woord

a. Ich bin auf **dem** Balkon. b. Ich lese ein Buch auf **der** Terrasse. c. Ich esse etwas in **der** Küche.

d. Mein Fahrrad ist in **der** Garage. e. Die Katze ist auf **dem** Dach. f. Ich sehe **im** Wohnzimmer fern.

g. Ich mähe den Rasen **im** Garten.

5. Vul de bestemming aan met het juiste woord

a. Ich gehe auf **den** Balkon. b. Ich gehe auf **die** Terrasse. c. Ich gehe in **die** Küche. d. Ich gehe in **den** Garten.

e. Ich gehe oft **ins** Stadion ... f. ... und dann an **den** Strand. g. Ich fahre in **die** Stadt, ... h. ... dann **ins** Fitnessstudio.

i. Um zehn gehe ich **ins** Bett.

6. Vul de bestemming of locatie in met een woord uit onderstaande tabel

a. Wenn ich Hunger habe, gehe ich in die **Küche**. b. Wenn ich müde bin, lege ich mich ins **Bett**.

c. Wenn es sonnig ist, chille ich im **Garten**. d. Morgens gehe ich ins **Badezimmer** und ich dusche mich.

e. Das Auto ist in der **Garage**. f. Die Katze entspannt sich oben auf dem **Dach**.

g. Am Wochenende fahren wir an den **Strand**. h. Ich mache Krafttraining im **Fitnessstudio**.

Tijd voor Grammatica 20: SPIELEN, MACHEN, GEHEN + Wederk. werkw. (Pagina 173-174)

1. Vul in 'mache', 'spiele' of 'gehe'

a. ich **mache** meine Hausaufgaben b. ich **spiele** Schach c. ich **gehe** klettern d. ich **gehe** ins Schwimmbad

e. ich **spiele** am Computer f. ich **mache** das Essen g. ich **spiele** Karten h. ich **mache** einfach nichts

2. Vul de ontbrekende vormen van onderstaande werkwoorden in de tegenwoordige tijd in

machen: ich **mache** du machst er, sie, es **macht** wir **machen** ihr macht sie, Sie **machen**

gehen: ich gehe du **gehst** er, sie, es **geht** wir **gehen** ihr **geht** sie, Sie gehen

spielen: ich spiele du **spielst** er, sie, es **spielt** wir **spielen** ihr spielt sie, Sie **spielen**

 **THE LANGUAGE GYM**

3. Vul het juiste werkwoord in

a. Meine Mutter **geht** jeden Samstag in die Kirche.   b. Meine Schwester **macht** nie ihre Hausaufgaben.

c. Wir **spielen** jeden Tag Basketball.   d. Meine Eltern **machen** nicht viel Sport.   e. Mein Bruder **spielt** oft Schach.

f. Meine Freundin und ich **gehen** zu Fuß zur Schule.   g. Was **machst** du?   h. Wohin **geht** ihr?

i. Was **machst** du beruflich?   j. Meine Onkel **spielen** Fußball mit uns.   k. Meine Freunde **gehen** oft ins Stadion.

l. Mein Vater **spielt** oft Tennis.   m. Im Sommer **gehen** meine Eltern und ich manchmal klettern.

n. Am Wochenende **machen** meine Eltern und ich einfach nichts.

4. Vul de juiste vorm van spielen in

a. ich **spiele** Tennis   b. du **spielst** Karten   c. Sie **spielen** Gitarre   d. ich **spiele** im Garten   e. wir **spielen** manchmal

f. Was **spielst** du?   g. er **spielt** Cricket   h. ihr **spielt** Rugby   i. du **spielst** Klavier.   j. es **spielt** im Garten

k. du **spielst** gern   l. sie **spielen** Schach

5. Vul de juiste vorm van gehen in

a. ich **gehe** ins Kino   b. du **gehst** nach Hause   c. sie **geht/gehen** auf den Balkon   d. er **geht** in die Küche

e. ich **gehe** surfen   f. wir **gehen** an den Strand   g. du **gehst** ins Bad   h. ich **gehe** zur Schule   i. wir **gehen** aufs Klo

j. ihr **geht** segeln   k. du **gehst** in den Park   l. Sie **gehen** wandern

Training

6. Vertaal naar het Nederlands

a. Wij spelen vaak op de computer.   b. Mijn broer doet nooit krachttraining.   c. Mijn zus speelt elke dag korfbal.

d. Mijn vader speelt het liefst tennis.   e. Wat voor werk doen jullie?   f. Waar gaan jullie na school naartoe?

g. Mijn broer en ik spelen vaak schaak.   h. Mijn ouders en ik gaan vaak klimmen.

i. Mijn broer gaat nooit naar de bioscoop.   j. Mijn beste vriend gaat elke zaterdag naar het stadion.

7. Vul de juiste uitgang van het werkwoord en het wederkerend voornaamwoord in

a. Meine Mutter putz**t** **sich** die Zähne.   b. Mein Bruder wäsch**t** **sich** nie.   c. Ich dusche **mich** oft.

d. Mein Vater rasier**t** **sich** jeden Tag.   e. Du mach**st** **dich** fertig.   f. Wir bad**en** **uns** gegen sieben Uhr.

g. Wann zieh**st** du **dich** an?   h. Rasier**t** ihr **euch** nie?   i. Amüsier**st** du **dich**?

8. Vertaal naar het Duits

a. Wir duschen uns um sechs Uhr.   b. Er duscht sich und dann rasiert er sich.   c. Ich dusche mich gegen sieben Uhr.

d. Mein Vater rasiert sich nie.   e. Meine Brüder waschen sich nie.   f. Er zieht sich an.   g. Sie baden sich.

h. Sie macht sich fertig.   i. Er putzt sich die Zähne.   j. Wann entspannt ihr euch?

Hoofdstuk 19 - Mijn vakantieplannen
Even Herhalen 6
Vraagvaardigheden 4

Hoofdstuk 19. Mijn vakantieplannen: WOORDENSCHAT (Pagina 177)

1. Combineer

Diesen Sommer – Deze zomer **werde ich** – zal ik / ga ik **nach Deutschland** – naar Duitsland

in den Ferien – in de vakantie **in der Sonne liegen** – in de zon liggen **ich würde gern** – ik zou graag

bleiben – blijven **reisen** – reizen

2. Vul het ontbrekende woord in

a. Ich werde mich **entspannen** ... b. ... und nur essen und **schlafen**. c. Ich werde **tauchen** gehen.

d. Wir werden mit dem **Auto** nach Italien reisen. e. Ich werde auf einem **Campingplatz** bleiben.

f. Das wird **Spaß** machen. g. Wir werden lecker **essen**. h. Ich werde mit dem **Zug** reisen.

3. Vertaal naar het Nederlands

a. Deze zomer ga ik naar Italië. b. We zullen drie weken daar blijven. c. Ik ga naar Cuba.

d. We gaan elke dag souvenirs kopen. e. Ik zou graag elke feesten. f. Ik ga met mijn vrienden spelen.

g. Ik zou graag alleen eten en drinken. h. Ik ga me ontspannen. i. Ik ga met mijn broer sporten.

4. Gebroken woorden

a. Ich werde es**sen** und tri**nken**. b. Wir werden nichts ma**chen**. c. Ich werde 2 Wochen bl**eiben**.

d. Ich w**ürde** gern ... e. eine Stadtrund**fahrt** machen. f. Fahrrad fa**hren** g. in der Sonne li**egen**.

5. 'gehen', 'spielen' of 'machen'?

a. Karten **spielen** b. klettern **gehen** c. ins Kino **gehen** d. eine Stadtrundfahrt **machen** e. tauchen **gehen**

f. Party **machen** g. mit Freunden **spielen** h. Sport **machen** i. Schach **spielen** j. an den Strand **gehen**

6. Slechte vertaling: vind alle vertaalfouten en verbeter ze

a. ~~Vorige~~ **Deze** zomer ga ik **gaan we** ... b. ~~We gaan~~ **Ik ga** in de vakantie naar Argentinië.

c. We zullen ~~twee weken~~ **één week** in een ~~appartement~~ **hotel** verblijven.

d. Ik zou graag ~~in het weekend~~ **elke dag** gaan ~~skiën~~ **duiken**.

e. We gaan niet veel sporten en elke dag naar ~~de stad~~ **het strand**. f. Ik ga met ~~het vliegtuig~~ **de trein** daar naartoe.

g. Ik ga nieuwe ~~dieren zien~~ **mensen ontmoeten**.

Hoofdstuk 19. Mijn vakantieplannen: LEZEN (Deel 1) (Pagina 178)

1. Vind het Duits voor de volgende woorden in de tekst van Hugo

a. Ich komme aus b. aber ich wohne in c. Diesen Sommer werde ich d. mit meinem Freund

e. Wir werden mit dem Auto reisen f. jeden Tag g. Ich werde nicht f. Ich liege lieber in der Sonne!

2. Vind het Duits voor de volgende woorden in de tekst van Diana

a. mit dem Schiff b. wir haben viel Zeit! c. Ich werde fünf Wochen dort bleiben d. Ich tanze total gern

e. also werden wir ... gehen f. Ich werde auch g. viel essen h. nicht so spannend

3. Vul de volgende beweringen over Deryk aan

a. Hij komt uit **Canada**. b. De persoon in zijn familie die hij het leukst vindt, is **zijn vrouw Anna**.

c. Ze gaan naar **Engeland** en **Quebec in Canada**. d. Deryk gaat **boeken lezen** en **ontspannen**.

e. Anna gaat **fietsen** en **lekker eten**. f. 'Poutine' is gemaakt van **patat/friet** en **kaas**.

4. Noem 7 details over Dino (in de 3e persoon in het Nederlands

1. Hij heet Dino. 2. Hij komt uit Venetië. 3. In de zomer gaat hij op vakantie naar Mexico.

4. Hij gaat in een tent op het strand overnachten.   5. Hij gaat elke dag bezienswaardigheden en musea bekijken.

6. Hij gaat geen sport doen.   7. Hij houdt van cultuur.

5. Vind iemand die ...

a. Diana   b. Dino   c. Hugo   d. Diana   e. Hugo

Hoofdstuk 19. Mijn vakantieplannen: LEZEN (Deel 2)   (Pagina 179)

1. Beantwoord de volgende vragen over Marlene

a. Hamburg   b. een schildpad   c. met haar familie   d. in een luxe hotel   e. zwemmen en in de zon liggen

f. Dat het weer goed wordt.   g. met de auto   h. bezienswaardigheden bekijken

2. Vind het Duits in de tekst van Nikolas

a. Diesen Sommer   b. mit dem Auto   c. in einem günstigen Hotel   d. den Hafen   e. groß und berühmt

f. eine Modelleisenbahn   g. der Julius heißt   h. Das wird supercool sein!

3. Vind het Duits voor de volgende woorden in de tekst van Franziska

a. mit meinem Bruder Stefan   b. ein Freizeitpark   c. mit vielen Attraktionen   d. Außerdem werden wir

e. Ich möchte auch   f. einfach nichts tun   g. Unsere Lieblingsband   h. günstig und bequem

4. Vind iemand die: welke persoon ...

a. Marlene   b. Nikolas   c. Marlene   d. Franziska   e. Nikolas   f. Franziska   g. Marlene   h. Marlene

Hoofdstuk 19. Mijn vakantieplannen: VERTALEN/SCHRIJVEN   (Pagina 180)

1. Vertaling met gaten

a. Ich **werde** nach Deutschland reisen.   b. Ich werde mit dem **Auto** fahren.   c. Wir werden eine Woche dort **übernachten**.

d. Ich **werde** in einem günstigen Hotel **übernachten**.   e. Wir **werden** jeden Tag an den **Strand** gehen.

f. Wenn das Wetter **schön** ist, werde ich in der Sonne **liegen**.   g. Ich werde viele Fotos **machen**.

2. Vertaal naar het Nederlands

a. een ijsje eten   b. souvenirs kopen   c. zich ontspannen   d. foto's maken   e. naar het strand gaan   f. elke dag

g. met het vliegtuig   h. gaan duiken   i. feesten

3. Vind en verbeter de grammaticale fouten en spelfouten [let op: in sommige zinnen ontbreekt een woord]

a. Ich ~~werden~~ werde viel Sport machen.   b. Ich werde eine Woche dort ~~blieben~~ bleiben.

c. Ich werde in eine**m** Luxushotel wohnen.   d. Ich werde auf einem Campingplatz **übernachten**.

e. Ich **werde** jeden Tag Fußball spiele**n**.   f. Wir werde**n** in der Stadt **P**arty machen.   g. Ich werde an **den** Strand gehen.

h. Ich werde ~~spielen~~ mit meine**n** Freunden **spielen**.

4. Positief of Negatief?

a. Das wird Spaß machen – **P**   b. Das wird langweilig – **N**   c. Das wird fantastisch – **P**   d. Das wird total doof – **N**

e. Das wird interessant – **P**   f. Das wird schrecklich – **N**   g. Das wird spannend – **P**   h. Das wird ekelhaft – **N**

i. Das wird schlecht – **N**   j. Das wird schön – **P**

5. Vertaal naar het Duits

a. Ich werde mich entspannen.   b. Ich werde tauchen gehen.   c. Wir werden jeden Tag an den Strand gehen.

d. Ich würde gern in der Sonne liegen.   e. Ich würde gern die Sehenswürdigkeiten besichtigen.

f. Ich werde in einem Hotel wohnen.   g. Wir werden auf einem Campingplatz übernachten

h. Wir werden mit dem Flugzeug fliegen.   i. Ich fahre mit dem Auto.   j. Das wird Spaß machen!

Even Herhalen 6: Dagelijkse routine/Huis/Huiselijk Leven/Vakantie   (Pagina 181-182)

1. Combineer de locaties

am Stadtrand – in de buitenwijken   **im Badezimmer** – in de badkamer   **in der Küche** – in de keuken

THE LANGUAGE GYM

in meinem Haus – in mijn huis   im Garten – in de tuin   in meinem Zimmer – in mijn kamer

im Esszimmer – in de eetkamer   in der Dusche – in de douche   im Wohnzimmer – in de woonkamer

2. Vul de ontbrekende letters in

a. ich du**sche** mich   b. ich st**ehe** auf   c. ich se**he** fern   d. ich l**ese** Comics   e. ich g**ehe** aus dem Haus

f. ich ko**mme** in der Schule an   g. ich fa**hre** mit dem Bus   h. ich zie**he** mich an   i. ich frühst**ücke**

3. Vind en verbeter alle onderstaande zinnen die nergens op slaan

a. Ich dusche mich im ~~Wohnzimmer~~ **Badezimmer**.   b. Ich esse in der ~~Garage~~ **Küche**.

c. Ich mache das Essen ~~im Badezimmer~~ **in der Küche**.   d. Ich wasche mir die Haare ~~in der Küche~~ **im Badezimmer**.

e. Ich fahre mit dem ~~Bett~~ **Bus** zur Schule.   f. Ich spiele Tischtennis mit meinem ~~Hund~~ **Freund**.

g. Das Sofa ist ~~auf dem Klo~~ **im Wohnzimmer**.   h. Ich sehe im ~~Ofen~~ **Wohnzimmer** fern.

i. Ich schlafe im ~~Keller~~ **Schlafzimmer**.   j. Ich parke das Auto in ~~meinem Zimmer~~ **der Garage**.

4. Gesplitste zinnen

Ich sehe **fern**.   Ich höre **Musik**.   Ich lese **ein spannendes Buch**.   Ich fahre **mit dem Bus**.

Ich frühstücke **Müsli mit Milch**.   Ich fliege **in die Karibik**.   Ich trinke **einen Kaffee**.   Ich poste Fotos **auf Instagram**.

Ich mache **Hausaufgaben**.   Ich liege **in der Sonne**.   Ich arbeite **im Büro**.   Ich spiele **Karten**.

5. Combineer de tegenstellingen

gut – **schlecht**   nett – **gemein**   leicht – **schwierig**   spannend – **langweilig**   gesund – **ungesund**   hässlich – **schön**

teuer – **billig**   langsam – **schnell**   oft – **selten**   nie – **immer**   klein – **groß**

6. Vul het ontbrekende woord in

a. Ich reise **mit** dem Flugzeug nach Japan.   b. Ich fahre mit meinen Eltern **nach** Italien.   c. Ich wohne **in** einem Hotel.

d. Ich gehe oft **an** den Strand.   e. Wir bleiben **auf** einem Campingplatz.   f. Ich werde einmal **pro** Woche in den Park gehen.

g. Ich gehe **ins** Internet.   h. Ich poste Fotos **auf** Instagram.

7. Zet een streepje tussen alle woorden

a. Ich spiele gern Tennis.   b. Ich sehe fern und ich höre Musik.   c. In meiner Freizeit gehe ich oft ins Kino.

d. Ich werde mit dem Auto nach Italien fahren.   e. Wir werden eine Woche dort bleiben.

f. Ich werde jeden Morgen an den Strand gehen.   g. Am Samstag werde ich Party machen.

h. Ich mache nie Hausaufgaben.

8. Vind de vertaalfouten en verbeter ze

a. Ik ~~ga vroeg naar bed~~ **sta vroeg op**.   b. Ik haat ~~volleybal~~ **basketbal**.   c. Ik ga naar ~~het strand~~ **de bioscoop**.

d. Vandaag ~~ga ik~~ **gaan we** niks doen.   e. Ik ga ~~paardrijden~~ **klimmen**.   f. Ik ga met ~~het vliegtuig~~ **de auto**.

g. Ik zal in een ~~goedkoop~~ **luxe** hotel overnachten.   h. Ik ga een ~~serie~~ **film** kijken.

9. Vertaal naar het Nederlands

a. Ik ga met de bus.   b. Ik zal thuis blijven.   c. Ik ga tennis spelen.   d. Ik was me.   e. Ik kijk een film.

f. Ik ruim mijn kamer op.   g. Ik eet groenten.   h. Ik eet eieren als ontbijt.   i. Ik doe niets.   j. Ik werk op de computer.

10. Vertaal naar het Nederlands

a. Eerst douche ik en daarna ontbijt ik.   b. Morgen ga ik naar Japan.   c. Ik ontspan me in mijn kamer.

d. Ik speel nooit basketbal, maar vaak voetbal.   e. Ik sta elke dag vroeg op, en jij?

f. Ik eet normaal gesproken niets als ontbijt.   g. Ik ga met de auto naar Italië.   h. In mijn vrije tijd speel ik vaak schaak.

i. Ik ben niet vaak op internet. Ik vind dat saai.

11. Vul de ontbrekende letters in

a. ich frühst**ücke**   b. ich s**ehe**   c. ich m**ache**   d. ich **putze**   e. ich **lese**   f. ich ar**beite**   g. ich dusche m**ich**   h. ich schl**afe**

i. ich g**ehe**.

Vraagvaardigheden 4: Dagelijkse routine/huis/Huiselijk leven/Vakantie (Pagina 183)

1. Vul telkens het juiste vraagwoord in

a. **Wann** stehst du auf?   b. **Was** machst du in deiner Freizeit?   c. **Wohin** gehst du nach der Schule?

d. **Welche** Musik hörst du am liebsten?   e. **Wie viele** Haustiere hast du?   f. **Warum** bist du Vegetarier?

 **THE LANGUAGE GYM**

g. **Wie oft** putzt du dir die Zähne am Tag?   h. **Seit wann** spielst du Gitarre?

2. Gesplitste vragen

Wie viel **Taschengeld bekommst du?**   Was isst du **zum Frühstück?**   Was machst **du in deiner Freizeit?**

Kannst du **Hockey spielen?**   Warum **spielst du nicht Fußball im Park?**

Wie oft **gehst du ins Fitnessstudio pro Woche?**   Was ist **dein Lieblingszimmer?**   Wohin wirst du **im Sommer fahren?**

Wer ist **deine beste Freundin?**

3. Combineer elk onderstaand antwoord met een vraag in oefening 1 hierboven

a. Zwei, einen Hamster und ein Pferd. – **e**   b. Am liebsten Popmusik. – **d**   c. Weil ich Tiere liebe. – **f**

d. Gegen sieben Uhr. – **a**   e. Ich spiele oft Fußball. – **b**   f. Zweimal, einmal morgens und einmal abends. – **g**

g. Seit drei Jahren. – **h**   h. Ich gehe mit meinen Freunden in die Stadt. – **c**

4. Vertaal naar het Duits

a. Wer?   b. Wann?   c. Mit wem?   d. Warum?   e. Wie viele?   f. Wie viel?   g. Welche Musik?   h. wohin?

i. Machst du ... ?   j. Kannst du ...?   k. Wo ist ...?   l. Wie viele Haustiere?   m. Was?   n. Gehst du ...?

5. Vertaal

a. Wo ist dein Haus?   b. Wohin gehst du nach der Schule?   c. Was machst du in deiner Freizeit?

d. Seit wann spielst du Schach?   e. Was ist dein Lieblingsessen?   f. Wie viele Geschwister hast du?

g. Wer ist dein bester Freund?

WOORDENSCHAT TOETSEN

Hoofdstuk 1: "Vertellen over mijn leeftijd"   TOTALE SCORE: /30   (Pagina 185)

1a. Vertaal de volgende zinnen (elk één punt waard) naar het Duits

Hoe heet jij? – **Wie heißt du?**   Ik heet Alex. – **Ich heiße Alex.**

Hoe oud ben jij? – **Wie alt bist du?**   Ik ben vijf jaar oud. – **Ich bin fünf Jahre alt.**

Ik ben zeven jaar oud. – **Ich bin sieben Jahre alt.**   Ik ben negen jaar oud. – **Ich bin neun Jahre alt.**

Ik ben tien jaar oud – **Ich bin zehn Jahre alt.**   Ik ben elf jaar oud. – **Ich bin elf Jahre alt.**

Ik ben twaalf jaar oud – **Ich bin zwölf Jahre alt.**   Ik ben dertien jaar oud. – **Ich bin dreizehn Jahre alt.**

1b. Vertaal de volgende zinnen (elk twee punten waard) naar het Duits

Hoe heet jouw broer? – **Wie heißt dein Bruder?**

Hoe heet jouw zus? – **Wie heißt deine Schwester?**

Mijn broer heet Markus. – **Mein Bruder heißt Markus.**

Mijn zus is veertien jaar oud. – **Meine Schwester ist vierzehn Jahre alt.**

Mijn broer is vijftien jaar oud. – **Mein Bruder ist fünfzehn Jahre alt.**

Ik heet Lena en ik woon in Berlijn. – **Ich heiße Lena und ich wohne in Berlin.**

Ik heb een broer, hij heet Linus. – **Ich habe einen Bruder, er heißt Linus.**

Ik heb geen broers en/of zussen. – **Ich habe keine Geschwister.**

Dat is de hoofdstad van Zwitserland. – **Das ist die Hauptstadt der Schweiz.**

Dat is de hoofdstad van Österreich. – **Das ist die Hauptstadt von Österreich.**

Hoofdstuk 2: "Vertellen wanneer mijn verjaardag is"   TOTALE SCORE: /30   (Pagina 186)

1a. Vertaal de volgende zinnen (elk één punt waard) naar het Duits

Ik heet Julia. – **Ich heiße Julia.**   Ik ben elf jaar oud. – **Ich bin elf Jahre alt.**

Ik ben vijftien jaar oud – **Ich bin fünfzehn Jahre alt.**   Ik ben achttien jaar oud. – **Ich bin achtzehn Jahre alt.**

Mijn verjaardag is ... – **Mein Geburtstag ist ...**   ... op 4 mei – **... am vierten Mai**

... op 4 juni – **... am vierten Juni**   ... op 6 september – **... am sechsten September**

... op 10 oktober – **... am zehnten Oktober**   ... op 11 juli – **... am elften Juli**

1b. Vertaal de volgende zinnen (elk twee punten waard) naar het Duits

Ik ben 17 jaar oud. Mijn verjaardag is op 21 juni.

– Ich bin siebzehn Jahre alt. Mein Geburtstag ist am einundzwanzigsten Juni.

Mijn broer heet Simon. Hij is 19. – **Mein Bruder heißt Simon. Er ist neunzehn.**

Mijn zus heet Kathrin. Zij is 22. – **Meine Schwester heißt Kathrin. Sie ist zweiundzwanzig.**

Mijn broer heet Mark. Zijn verjaardag is op 23 maart.

– Mein Bruder heißt Mark. Sein Geburtstag ist am dreiundzwanzigsten März.

Ik heet Sinan. Ik ben 15. Mijn verjaardag is op 27 juli.

– Ich heiße Sinan. Ich bin fünfzehn. Mein Geburtstag ist am siebenundzwanzigsten Juli.

Ik heet Angela. Ik ben 18. Mijn verjaardag is op 30 juni.

– Ich heiße Angela. Ich bin achtzehn. Mein Geburtstag ist am dreißigsten Juni.

Wanneer is jouw verjaardag? – **Wann ist dein Geburtstag?**

Is jouw verjaardag in oktober of in november? – **Ist dein Geburtstag im Oktober oder im November?**

Mijn broer heet Peter. Zijn verjaardag is op 31 januari.

– Mein Bruder heißt Peter. Sein Geburtstag ist am einunddreißigsten Januar.

Is jouw verjaardag in mei of in juni? – **Ist dein Geburtstag im Mai oder im Juni?**

 **THE LANGUAGE GYM**

Hoofdstuk 3: "Haar en ogen beschrijven" TOTALE SCORE: /30 (Pagina 187)

1a. Vertaal de volgende woordgroepen (elk één punt waard) naar het Duits

zwart haar – **schwarze Haare**

blond haar – **blonde Haare**

Ik heet Benjamin. – **Ich heiße Benjamin.**

Ik heb lang haar. – **Ich habe lange Haare.**

Ik heb groene ogen. – **Ich habe grüne Augen.**

donkerbruine ogen – **dunkelbraune Augen**

blauwe ogen – **blaue Augen**

Ik ben 12 jaar oud. – **Ich bin zwölf Jahre alt.**

Ik heb kort haar. – **Ich habe kurze Haare.**

Ik heb bruine ogen. – **Ich habe braune Augen.**

1b. Vertaal de volgende zinnen (elk twee punten waard) naar het Duits

Ik heb grijs haar en blauwe ogen. – **Ich habe graue Haare und blaue Augen.**

Ik heb stijl rood haar. – **Ich habe glatte rote Haare.**

Ik heb krullend wit haar. – **Ich habe lockige weiße Haare.**

Ik heb bruin haar en bruine ogen. – **Ich habe braune Haare und braune Augen.**

Ik draag een bril en ik heb golvend haar. – **Ich trage eine Brille und ich habe wellige Haare.**

Ik draag geen bril, maar ik heb een baard. – **Ich trage keine Brille, aber ich habe einen Bart.**

Mijn broer heeft blond haar en zomersproeten. – **Mein Bruder hat blonde Haare und Sommersprossen.**

Mijn broer is 22 jaar oud en hij heeft halflang zwart haar.

– Mein Bruder ist 22 Jahre alt und er hat mittellange schwarze Haare.

Draag je een bril? – **Trägst du eine Brille?**

Mijn zus heeft groene ogen en krullend zwart haar. – **Meine Schwester hat grüne Augen und lockige schwarze Haare.**

Hoofdstuk 4 "Vertellen waar ik woon en vandaan kom" TOTALE SCORE: /30 (Pagina 188)

1a. Vertaal de volgende woordgroepen (elk één punt waard) naar het Duits

Ik heet – **Ich heiße**

Ik woon – **Ich wohne**

in een appartement – **in einer Wohnung**

in de buitenwijken – **am Stadtrand**

op het platteland – **auf dem Land**

Ik kom uit – **Ich komme aus**

in een huis – **in einem Haus**

in een modern gebouw – **in einem modernen Gebäude**

in het stadscentrum – **im Stadtzentrum**

in Berlijn – **in Berlin**

1b. Vertaal de volgende zinnen (elk twee punten waard) naar het Duits

Mijn broer heet Maik. – **Mein Bruder heißt Maik.**

Mijn zus heet Jenny. – **Meine Schwester heißt Jenny.**

Ik woon in een oud gebouw. – **Ich wohne in einem alten Gebäude.**

Ik woon in een klein huis. – **Ich wohne in einem kleinen Haus.**

Ik woon in een mooi huis in de bergen. – **Ich wohne in einem schönen Haus in den Bergen.**

Ik woon in een lelijk huis in het stadscentrum. – **Ich wohne in einem hässlichen Haus im Stadtzentrum.**

Ik ben 15 en ik woon in Keulen, in het westen van Duitsland.

– Ich bin 15 und ich wohne in Köln, im Westen von Deutschland.

Ik kom uit Basel, maar ik woon in het centrum van Luzern.

– Ich komme aus Basel, aber ich wohne im Zentrum von Luzern.

Ik kom uit Oostenrijk en ik woon in een mooi huis in Wenen.

– Ich komme aus Österreich und ich wohne in einem schönen Haus in Wien.

Ik woon in een klein appartement op het platteland. – **Ich wohne in einer kleinen Wohnung auf dem Land.**

THE LANGUAGE GYM

Hoofdstuk 4a "Vertellen over het weer"   TOTALE SCORE: /30   (Pagina 189)

1a. Vertaal de volgende woorden (elk één punt waard) naar het Duits

Het weer is ... – **Das Wetter ist**

slecht – **schlecht**

koud – **kalt**

zonnig – **sonnig**

onbewolkt – **heiter**

mooi – **schön**

het is – **es ist**

warm – **warm**

bewolkt – **bewölkt**

het regent – **es regnet**

1b. Vertaal de volgende zinnen (elk twee punten waard) naar het Duits

Het weer is mooi in Berlijn. – **Das Wetter ist schön in Berlin.**

Het is vaak zonnig. – **Es ist oft sonnig.**

Het is soms te koud. – **Es ist manchmal zu kalt.**

Het sneeuwt zelden. – **Es schneit selten.**

Het regent vaak, waar ik woon. – **Es regnet oft, wo ich wohne.**

In de zomer is het altijd heet. – **Im Sommer ist es immer heiß.**

Er is vaak onweer. – **Es gibt oft Gewitter.**

Het weer is slecht in de herfst. – **Das Wetter ist schlecht im Herbst.**

Ik houd ervan als het heet is. – **Ich liebe es/mag es, wenn es heiß ist.**

Ik vind het weer hier oké. – **Ich finde das Wetter hier okay.**

Hoofdstuk 5 "Vertellen over familieleden / tellen tot 100" TOTALE SCORE: /30   (Pagina 190)

1a. Vertaal de volgende woordgroepen (elk één punt waard) naar het Duits

Er is ... – **Es gibt ...**

mijn kleine broer – **mein kleiner Bruder**

mijn vader – **mein Vater**

mijn oom – **mein Onkel**

mijn neef – **mein Cousin**

mijn grote zus – **meine große Schwester**

mijn kleine zus – **meine kleine Schwester**

mijn moeder – **meine Mutter**

mijn tante – **meine Tante**

mijn nicht – **meine Cousine**

1b. Vertaal de volgende zinnen (elk twee punten waard) naar het Duits

In mijn familie zijn er vier personen. – **In meiner Familie gibt es vier Personen.**

Er zijn mijn vader, mijn moeder en mijn twee broers. – **Es gibt meinen Vater, meine Mutter und meine zwei Brüder.**

Ik kan het goed met mijn broer vinden. – **Ich verstehe mich gut mit meinem Bruder.**

Mijn zus is 22 jaar oud. – **Meine Schwester ist zweiundzwanzig Jahre alt.**

Mijn broer is 16 jaar oud. – **Mein Bruder ist sechzehn Jahre alt.**

Mijn opa is 78. – **Mein Opa ist achtundsiebzig.**

Mijn oma is 67. – **Meine Oma ist siebenundsechzig.**

Mijn oom heet Josef en hij is 54. – **Mein Onkel heißt Josef und er ist vierundfünfzig.**

Mijn tante heet Annika en zij is 44. – **Meine Tante heißt Annika und sie ist vierundvierzig.**

Mijn nicht Lisa is 17 jaar oud. – **Meine Cousine Lisa ist siebzehn Jahre alt.**

Hoofdstuk 6 "Mijzelf en mijn familieleden beschrijven" TOTALE SCORE: /30 (Pagina 191)

1a. Vertaal de volgende woordgroepen (elk één punt waard) naar het Duits

Hij is – **Er ist**

lang – **groß**

een beetje mollig – **ein bisschen pummelig**

altijd aardig voor mij – **immer nett zu mir**

nogal irritant – **ziemlich nervig**

Zij is – **Sie ist**

mooi – **schön/hübsch**

grappig – **lustig**

erg gespierd – **sehr muskulös**

normaal gesproken vriendelijk – **normalerweise freundlich**

1b. Vertaal de volgende zinnen (elk twee punten waard) naar het Duits

Mijn moeder is nogal streng. – **Meine Mutter ist ziemlich streng.**

Mijn vader is erg koppig maar aardig. – **Mein Vater ist sehr stur aber nett.**

Mijn grote zus is altijd ijverig. – **Meine große Schwester ist immer fleißig.**

Mijn kleine broer is een beetje lui. – **Mein kleiner Bruder ist ein bisschen faul.**

In mijn familie zijn er vijf personen. – **In meiner Familie gibt es fünf Personen.**

Ik kan het goed vinden met mijn zus want ze is aardig voor me.

– **Ich verstehe mich gut mit meiner Schwester, denn sie ist nett zu mir.**

Ik kan het niet goed met mijn broer vinden, want hij is superirritant.

– **Ich verstehe mich nicht gut mit meinem Bruder, denn er ist supernervig.**

Ik houd van mijn grootouders, want ze zijn erg grappig en gul.

– **Ich liebe/mag meine Großeltern, denn sie sind sehr lustig und großzügig.**

Hoe zijn jouw ouders? – **Wie sind deine Eltern?**

Ik mag mijn oom want hij is altijd vriendelijk en hulpvaardig.

– **Ich mag meinen Onkel, denn er ist immer freundlich und hilfsbereit.**

Hoofdstuk 6a "Vertellen over vaardigheden" TOTALE SCORE: /30 (Pagina 192)

1a. Vertaal de volgende woordgroepen (elk één punt waard) naar het Duits

ik kan – **ich kann**

koken – **kochen**

gitaarspelen – **Gitarre spielen**

wij kunnen – **wir können**

eenwieleren – **Einrad fahren**

zwemmen – **schwimmen**

dansen – **tanzen**

jij kunt – **du kannst**

jongleren – **jonglieren**

zingen – **singen**

1b. Vertaal de volgende zinnen (elk twee punten waard) naar het Duits

Ik kan goed zingen. – **Ich kann gut singen.**

Ik kan niet dansen. – **Ich kann nicht tanzen.**

Wij kunnen in een team werken. – **Wir können im Team arbeiten.**

Mijn oom kan heel goed gitaarspelen. – **Mein Onkel kann sehr gut Gitarre spielen.**

Ik kan goed klimmen en koken. – **Ich kann gut klettern und kochen.**

Mijn oma kan yoga. Stel je voor! – **Meine Oma kann Yoga. Stell dir vor!**

Mijn lievelingstante is supergrappig en ze kan goed zwemmen.

– **Meine Lieblingstante ist superlustig und sie kann gut schwimmen.**

Ik mag mijn oom want hij kan goed duiken. – **Ich mag meinen Onkel, denn er kann gut tauchen.**

Wat kun jij? – **Was kannst du?**

Mijn grote broer kan goed schilderen. – **Mein großer Bruder kann gut malen.**

 **THE LANGUAGE GYM**

Hoofdstuk 7 "Vertellen over huisdieren" TOTALE SCORE: /40 (Pagina 193)

1a. Vertaal de volgende woordgroepen (elk één punt waard) naar het Duits

Ik heb ... – **Ich habe ...**

een kat – **eine Katze**

een parkiet – **einen Wellensittich**

een slang – **eine Schlange**

twee honden – **zwei Hunde**

een hond – **einen Hund**

een paard – **ein Pferd**

een papegaai – **einen Papagei**

een kikker – **einen Frosch**

twee konijnen – **zwei Kaninchen**

1b. Vertaal de volgende zinnen (elk drie punten waard) naar het Duits

Ik heb een papegaai. Hij heet Rico. – **Ich habe einen Papagei. Er heißt Rico.**

Ik heb een schildpad die Speedy heet. – **Ich habe eine Schildkröte, die Speedy heißt.**

Thuis hebben we twee vissen. – **Zu Hause haben wir zwei Fische.**

Mijn zus heeft een spin. – **Meine Schwester hat eine Spinne.**

Ik heb geen huisdieren. – **Ich habe keine Haustiere.**

Mijn oom Dieter heeft een slang. – **Mein Onkel Dieter hat eine Schlange.**

Hij (de slang) heet Gonzalo. – **Sie heißt Gonzalo.**

Ik zou graag een paard hebben. – **Ich hätte gern ein Pferd.**

Ik heb een kat. Ze is erg schattig. – **Ich habe eine Katze. Sie ist sehr süß.**

Hoeveel huisdieren heb jij thuis? – **Wie viele Haustiere hast du zu Hause?**

Hoofdstuk 8 "Vertellen over werk" TOTALE SCORE: /40 (Pagina 194)

1a. Vertaal de volgende zinnen (elk één punt waard) naar het Duits

Hij is kok. – **Er ist Koch.**

Zij is advocate. – **Sie ist Anwältin.**

Hij is huisman. – **Er ist Hausmann.**

Hij is leraar. – **Er ist Lehrer.**

Hij is kapper. – **Er ist Friseur.**

Zij is journalist. – **Sie ist Journalistin.**

Hij is verpleger. – **Er ist Krankenpfleger.**

Zij is dokter. – **Sie ist Ärztin.**

Zij is zakenvrouw. – **Sie ist Geschäftsfrau.**

Zij is boerin. – **Sie ist Bäuerin.**

1b. Vertaal de volgende zinnen (elk drie punten waard) naar het Duits

Mijn oom is kok. – **Mein Onkel ist Koch.**

Mijn moeder is verpleegster. – **Meine Mutter ist Krankenpflegerin.**

Mijn grootouders werken niet. – **Meine Großeltern arbeiten nicht.**

Mijn zus werkt als lerares. – **Meine Schwester arbeitet als Lehrerin.**

Mijn tante is actrice. – **Meine Tante ist Schauspielerin.**

Mijn neef is student. – **Mein Cousin ist Student.**

Mijn nicht is advocate. – **Meine Cousine ist Anwältin.**

Hij houdt van zijn werk, want het is opwindend. – **Er liebt/mag seine Arbeit, denn sie ist aufregend.**

Zij houdt van haar werk, want het is verrijkend. – **Sie liebt/mag ihre Arbeit, denn sie ist berreichernd.**

Hij haat zijn werk, want het is stressvol. – **Er hasst seine Arbeit, denn sie ist stressig.**

Hoofdstuk 9 "Mensen vergelijken" TOTALE SCORE: /50 (Pagina 195)

1a. Vertaal de volgende zinnen (elk twee punten waard) naar het Duits

Ik ben langer dan mijn broer. – **Ich bin länger als mein Bruder.**

Ik ben kleiner dan mijn zus. – **Ich bin kleiner als meine Schwester.**

Ik ben sportiever dan hij. – **Ich bin sportlicher als er.**

Hij is molliger dan zij. – **Er ist pummeliger als sie.**

Zij is grappiger dan hij. – **Sie ist lustiger als er.**

Mijn opa is strenger dan mijn oma. – **Mein Opa ist strenger als meine Oma.**

Wij zijn luier dan jullie. – **Wir sind fauler als ihr.**

Mijn hond is luidruchtiger dan mijn kat. – **Mein Hund ist lauter als meine Katze.**

Mijn konijn is schattiger dan mijn paard. – **Mein Kaninchen ist süßer als mein Pferd.**

Mijn oom is slanker dan mijn vader. – **Mein Onkel ist schlanker als mein Vater.**

1b. Vertaal de volgende zinnen (elk drie punten waard) naar het Duits

Mijn broer is guller dan mijn neef. – **Mein Bruder ist großzügiger als mein Cousin.**

Mijn moeder is een beetje slimmer dan mijn vader. – **Meine Mutter ist ein bisschen schlauer als mein Vater.**

Mijn oom is niet zo mooi als mijn vader. – **Mein Onkel ist nicht so schön wie mein Vater.**

Mijn grote zus is veel spraakzamer dan mijn kleine zus.
– **Meine große Schwester ist viel geschwätziger als meine kleine Schwester.**

Mijn opa is niet zo streng als mijn oma. – **Mein Opa ist nicht so streng wie meine Oma.**

Mijn vriend Max is veel vriendelijker dan mijn vriend Alex.
– **Mein Freund Max ist viel freundlicher als mein Freund Alex.**

Mijn konijn is veel brutaler dan mijn cavia. – **Mein Kaninchen ist viel frecher als mein Meerschweinchen.**

Mijn kat is veel sneller dan mijn hond. – **Meine Katze ist viel schneller als mein Hund.**

Mijn papegaai is niet zo gevaarlijk als mijn schildpad. – **Mein Papagei ist nicht so gefährlich wie meine Schildkröte.**

Hoofdstuk 10 "Vertellen wat in mijn schooltas zit" TOTALE SCORE: /40 (Pagina 196)

1a. Vertaal de volgende zinnen (elk één punt waard) naar het Duits

Ik heb een pen. – **Ich habe einen Kuli.**

Ik heb een gum. – **Ich habe ein Radiergummi.**

in mijn etui – **in meinem Federmäppchen**

Anna heeft ... – **Anna hat ...**

Het is groen. – **Es ist grün.**

Ik heb een lineaal. – **Ich habe ein Lineal.**

In mijn tas heb ik ... – **In meiner Tasche habe ich ...**

mijn vriend Julian – **mein Freund Julian**

Ik heb geen schrift. – **Ich habe kein Heft.**

De puntenslijper is geel. – **Der Spitzer ist gelb.**

1b. Vertaal de volgende zinnen (elk drie punten waard) naar het Duits

In mijn tas heb ik vier boeken. – **In meiner Tasche habe ich vier Bücher.**

Ik heb een gele etui. – **Ich habe ein gelbes Federmäppchen.**

Ik heb een rode waterfles. – **Ich habe eine rote Wasserflasche.**

Ik heb geen zwarte viltstiften. – **Ich habe keine schwarzen Filzstifte.**

Er zijn twee blauwe pennen. – **Es gibt zwei blaue Kulis.**

Mijn vriendin Miriam heeft een paarse brooddoos. – **Meine Freundin Miriam hat eine lila Brotdose.**

Hebben jullie een gum? – **Habt ihr ein Radiergummi?**

Heb jij een rode pen? – **Hast du einen roten Kuli?**

Heb jij een lineaal in je etui? – **Hast du ein Lineal in deinem Federmäppchen?**

Wat heb je in je schooltas? – **Was hast du in deiner Schultasche?**

Hoofdstuk 11: "Vertellen over voedsel"   TOTALE SCORE: /80   (Pagina 197)

1a. Vertaal de volgende zinnen (elk drie punten waard) naar het Duits

Ik drink graag melk. – **Ich trinke gern Milch.**

Ik eet niet graag vlees. – **Ich esse nicht gern Fleisch.**

Fruit is erg gezond. – **Obst ist sehr gesund.**

Ik drink het liefst thee. – **Ich trinke am liebsten Tee.**

Ik houd van water. – **Ich liebe/mag Wasser.**

Ik eet graag chocola. – **Ich esse gern Schokolade.**

Ik eet liever vis. – **Ich esse lieber Fisch.**

Honing is te zoet. – **Honig ist zu süß.**

Ik haat melk. – **Ich hasse Milch.**

Ik houd van kaas. – **Ich liebe/mag Käse.**

1b. Vertaal de volgende zinnen (elk vijf punten waard) naar het Duits

Ik eet graag chocola omdat het lekker is. – **Ich esse gern Schokolade, weil es lecker ist.**

Ik eet graag appels omdat het gezond is. – **Ich esse gern Äpfel, weil es gesund ist.**

Ik eet het liefst fruit, want het is rijk aan vitaminen. – **Ich esse am liebsten Obst, denn es ist reich an Vitaminen.**

Ik eet niet graag hamburgers want het ist te vet. – **Ich esse nicht gern Hamburger, denn es ist zu fettig.**

Maar ik eet graag vis, want het is rijk aan proteïnen. – **Aber ich esse gern Fisch, denn es ist reich an Proteinen.**

Ik houd van aardappelen. Dat is mijn lievelingseten. – **Ich mag/liebe Kartoffeln. Das ist mein Lieblingsessen.**

Ik eet ook graag fruit omdat het lekker en rijk aan vitaminen is.

– **Ich esse auch gern Obst, weil es lecker und reich an Vitaminen ist.**

Wat eet en drink je graag? – **Was isst und trinkst du gern?**

Ik drink graag koffie, hoewel het ongezond is. – **Ich trinke gern Kaffee, obwohl es ungesund ist.**

Ik drink liever thee, omdat het gezonder is dan koffie. – **Ich trinke lieber Tee, weil es gesünder ist als Kaffee.**

Hoofdstuk 12 "Vertellen over voeding" - Deel 2   TOTALE SCORE: /40   (Pagina 198)

1a. Vertaal de volgende woordgroepen (elk één punt waard) naar het Duits

als ontbijt – **zum Frühstück**

als diner – **zum Abendessen**

daarbij drink ik – **dazu trinke ich**

het is vies – **es ist ekelhaft**

Ik houd ervan. – **Ik liebe/mag es.**

als lunch – **zum Mittagessen**

ik eet vaak – **ich esse oft**

het is lekker – **es ist lecker**

te vet – **zu fettig**

Mmm! – **Mmmh!**

1b. Vertaal de volgende zinnen (elk drie punten waard)

Ik eet muesli met melk als ontbijt. – **Ich esse Müsli mit Milch zum Frühstück.**

Ik eet soms brood met kaas. – **Ich esse manchmal Brot mit Käse.**

Ik eet nooit iets warms als avondeten. – **Ich esse nie etwas Warmes zum Abendessen.**

Ik eet liever iets kouds. – **Ich esse lieber etwas Kaltes.**

Mijn zus eet vaak toast met jam. – **Meine Schwester isst oft Toast mit Marmelade.**

Ik haat het omdat het te zoet is. – **Ich hasse es, weil es zu süß ist.**

Ik eet het liefst pasta met tomatensaus als lunch. – **Ich esse am liebsten Nudeln mit Tomatensoße zum Mittagessen.**

Daarbij drink ik normaal gesproken sinaasappelsap. – **Dazu trinke ich normalerweisee Orangensaft.**

Mijn broer drinkt liever water omdat het gezond is. – **Mein Bruder trinkt lieber Wasser, weil es gesund ist.**

Ik houd van koffie als ontbijt, want het maakt me wakker. – **Ich mag Kaffee zum Frühstück, denn es macht mich wach.**

Hoofdstuk 13 "Kleren en accessoires beschrijven"   TOTALE SCORE: /50   (Pagina 199)

1a. Vertaal de volgende woordgroepen (elk twee punten waard) naar het Duits

Ik draag – **Ich trage**

Ik draag vaak ... – **Ich trage oft ...**

een wit shirt – **ein weißes Shirt**

een warme jas – **eine warme Jacke**

een elegant uniform – **eine elegante Uniform**

Thuis draag ik ... – **Zu Hause trage ich**

een comfortabele hoody – **einen bequemen Kapuzenpulli**

een coole pet – **eine coole Mütze**

zwarte sportschoenen – **schwarze Sportschuhe**

bruine laarzen – **braune Stiefel**

1b. Vertaal de volgende zinnen (elk drie punten waard) naar het Duits

Ik draag vaak een groene trui. – **Ich trage oft einen grünen Pullover.**

Thuis draag ik een trainingspak. – **Zu Hause trage ich einen Trainingsanzug.**

Op school dragen we een blauw uniform. – **Zur Schule tragen wir eine blaue Uniform.**

Op het strand draag ik een rood badpak. – **Am Strand trage ich einen roten Badeanzug.**

Mijn zus draagt altijd een spijkerbroek. – **Meine Schwester trägt immer Jeans.**

Mijn broer draagt nooit een horloge. – **Mein Bruder trägt nie eine Uhr.**

Mijn moeder draagt merkkleding. – **Meine Mutter trägt Markenkleidung.**

Ik draag zelden een pak. – **Ich trage selten einen Anzug.**

Mijn vriendin draagt een modieuze jurk. – **Meine Freundin trägt ein modisches Kleid.**

Mijn broers dragen altijd sportschoenen. – **Meine Brüder tragen immer Sportschuhe.**

Hoofdstuk 14 "Vertellen over vrije tijd"   TOTALE SCORE: /70   (Pagina 200)

1a. Vertaal de volgende zinnen (elk twee punten waard) naar het Duits

Ik maak huiswerk. – **Ich mache Hausaufgaben.**

Ik ga klimmen. – **Ich gehe klettern.**

Ik speel trompet. – **Ich spiele Trompete.**

Ik doe aan sport. – **Ich mache Sport.**

Ik speel tennis. – **Ich spiele Tennis.**

Ik speel voetbal. – **Ich spiele Fußball.**

Ik ga fietsen. – **Ich gehe Rad fahren.**

Ik ga naar het zwembad. – **Ich gehe ins Schwimmbad.**

Ik ga paardrijden. – **Ich gehe reiten.**

Ik ga naar het strand. – **Ich gehe an den Strand.**

1b. Vertaal de volgende zinnen (elk vijf punten waard) naar het Duits

In mijn vrije tijd speel ik vaak schaak met mijn broer. – **In meiner Freizeit spiele ich oft mit meinem Bruder Schach.**

Ik speel elke dag PlayStation. – **Ich spiele jeden Tag PlayStation.**

Ik ga soms met mijn vrienden zwemmen. – **Ich gehe manchmal mit meinen Freunden schwimmen.**

Mijn broer en ik gaan vaak naar het sportcentrum. – **Mein Bruder und ich gehen oft ins Sportzentrum.**

Ik doe krachttraining en ga elke dag joggen. – **Ich mache Krafttraining und gehe jeden Tag joggen.**

Als het weer mooi is, gaan we wandelen. – **Wenn das Wetter schön ist, gehen wir wandern.**

Als het weer slecht is, speel ik schaak. – **Wenn das Wetter schlecht ist, spiele ich Schach.**

Mijn vader gaat in het weekend zwemmen. – **Mein Vater geht am Wochenende schwimmen.**

Mijn kleine broers gaan na school naar het park. – **Meine kleinen Brüder gehen nach der Schule in den Park.**

In mijn vrije tijd ga ik klimmen of naar mijn vriend. – **In meiner Freizeit gehe ich klettern oder zu meinem Freund.**

Hoofdstuk 15 "Vertellen over weer en vrije tijd"   TOTALE SCORE: /60   (Pagina 201)

1a. Vertaal de volgende woordgroepen (elk twee punten waard) naar het Duits

als het weer mooi is – **wenn das Wetter schön ist**   als het weer slecht is – **wenn das Wetter schlecht ist**

als het zonnig is – **wenn es sonnig ist**   als het koud is – **wenn es kalt ist**

als het heet is – **wenn es heiß ist**   ik ga skiën – **ich gehe Ski fahren**

ik speel met mijn vrienden – **ich spiele mit meinen Freunden** ik speel schaak – **ich spiele Schach**

ik ga naar het sportcentrum – **ich gehe ins Sportzentrum**   ik ga fietsen – **ich gehe Rad fahren**

1b. Vertaal de volgende zinnen (elk vier punten waard) naar het Duits

Als het weer mooi is, ga ik joggen. – **Wenn das Wetter schön ist, gehe ich joggen.**

Als het regent, gaan we naar het sportcentrum en doen we krachttraining.

– **Wenn es regnet, gehen wir ins Sportzentrum und machen wir Krafttraining.**

In het weekend maak ik mijn huiswerk en ga ik naar de sportschool.

– **Am Wochenende mache ich meine Hausaufgaben und ich gehe ins Fitnessstudio.**

Als het heet is, gaat ze naar het strand of ze gaat fietsen.

– **Wenn es heiß ist, geht sie an den Strand oder sie geht Rad fahren.**

Als de zon schijnt, ga ik met mijn vader joggen. – **Wenn die Sonne scheint, gehe ich mit meinem Vater joggen.**

Als het stormt, blijven we thuis en spelen kaarten. – **Wenn es stürmisch ist, bleiben wir zu Hause und spielen Karten.**

Als het zonnig is, gaan ze naar het park en spelen voetbal.

– **Wenn es sonnig ist, gehen sie in den Park und spielen Fußball.**

In het weekend ga ik met mijn vriendin naar het strand.

– **Am Wochenende gehe ich mit meiner Freundin an den Strand.**

Wij doen nooit aan sport. Wij spelen op de computer of kijken televisie.

– **Wir machen nie Sport. Wir spielen am Computer oder sehen fern.**

Als het sneeuwt, gaan we naar de bergen en we skiën. – **Wenn es schneit, gehen wir in die Berge und wir fahren Ski.**

Hoofdstuk 16 "Vertellen over mijn dagverloop"   TOTALE SCORE: /40   (Pagina 202)

1a. Vertaal de volgende woordgroepen (elk één punt waard) naar het Duits

ik sta op – **ich stehe auf**   ik ontbijt – **ich frühstücke**

ik eet – **ich esse**   ik drink – **ich trinke**

ik ga naar bed – **ich gehe ins Bett**   rond zes uur – **gegen sechs Uhr**

ik ontspan me – **ich entspanne mich**   's middags – **nachmittags**

's nachts – **nachts**   ik maak mijn huiswerk – **ich mache meine Hausaufgaben**

1b. Vertaal de volgende zinnen (elk drie punten waard) naar het Duits

Tegen 7 uur 's morgens ontbijt ik. – **Gegen sieben Uhr morgens frühstücke ich.**

Ik douche en dan kleed ik me aan. – **Ich dusche mich und dann ziehe ich mich an.**

Ik eet en dan poets ik mijn tanden. – **Ich esse und dann putze ich meine Zähne.**

Tegen 8 uur 's avonds dineer ik. – **Gegen acht Uhr abends esse ich zu Abend.**

Ik ga met de bus naar school. – **Ich fahre mit dem Bus zur Schule.**

's Middags kijk ik televisie. – **Nachmittags sehe ich fern.**

Ik kom weer thuis om half vijf. – **Ich komme um halb fünf wieder nach Hause.**

Van 6 tot 7 speel ik op de computer. – **Von sechs bis sieben spiele ich am Computer.**

Daarna, tegen half twaalf, ga ik naar bed. – **Danach, gegen halb zwölf, gehe ich ins Bett.**

Mijn dagverloop is eenvoudig. – **Mein Tagesablauf ist einfach.**

 **THE LANGUAGE GYM**

Hoofdstuk 17 "Mijn huis beschrijven"   TOTALE SCORE: /40   (Pagina 203)

1a. Vertaal de volgende woordgroepen (elk één punt waard) naar het Duits

Ik woon ... – **Ich wohne ...**

in een oud huis – **in einem alten Haus**

in een groot huis – **in einem großen Haus**

in de bergen – **in den Bergen**

in de buitenwijken – **am Stadtrand**

in een nieuw huis – **in einem neuen Haus**

in een klein huis – **in einem kleinen Haus**

op het platteland – **auf dem Land**

in een lelijke flat – **in einer hässlichen Wohnung**

in het stadscentrum – **im Stadtzentrum**

1b. Vertaal de volgende zinnen (elk drie punten waard) naar het Duits

In mijn huis zijn er vier kamers. – **In meinem Haus gibt es vier Zimmer.**

Mijn lievelingskamer is de keuken. – **Mein Lieblingszimmer ist die Küche.**

Ik ontspan me graag in de woonkamer. – **Ich entspanne mich gern im Wohnzimmer.**

In mijn appartement zijn er zeven kamers. – **In meiner Wohnung gibt es sieben Zimmer.**

Mijn ouders wonen in een groot huis. – **Meine Eltern wohnen in einem großen Haus.**

Mijn oom woont in een klein huis. – **Mein Onkel wohnt in einem kleinen Haus.**

Wij wonen in een vrijstaand huis. – **Wir wohnen in einem Einfamilienhaus.**

Mijn vriend Max woont op een boerderij. – **Mein Freund Max wohnt auf einem Bauernhof.**

Mijn oom woont in Hamburg. – **Mein Onkel wohnt in Hamburg.**

Mijn ouders en ik wonen in een mooi huis. – **Meine Eltern und ich wohnen in einem schönen Haus.**

Hoofdstuk 18 "Vertellen over mijn leven thuis"   TOTALE SCORE: /40   (Pagina 204)

1a. Vertaal de volgende zinnen (elk één punt waard) naar het Duits

Ik speel Playstation. – **Ich spiele PlayStation.**

Ik lees tijdschriften. – **Ich lese Zeitschriften.**

Ik kijk een film. – **Ich sehe einen Film.**

Ik ontspan me. – **Ich entspanne mich.**

Ik kijk televisie. – **Ich sehe fern.**

Ik chat met mijn moeder. – **Ich quatsche mit meiner Mutter.**

Ik lees een boek. – **Ich lese ein Buch.**

Ik luister naar muziek. – **Ich höre Musik.**

Ik maak mijn huiswerk. – **Ich mache meine Hausaufgaben.**

Ik verlaat het huis. – **Ich gehe aus dem Haus.**

1b. Vertaal de volgende zinnen (elk drie punten waard) naar het Duits

's Morgens ga ik naar het balkon en ik ontspan me. – **Morgens gehe ich auf den Balkon und ich entspanne mich.**

Ik ga vaak naar de woonkamer en ik kijk televisie. – **Ich gehe oft ins Wohnzimmer und ich sehe fern.**

Als ik honger heb, ga ik naar de keuken en ik eet iets.

– **Wenn ich Hunger habe, gehe ich in die Küche und ich esse etwas.**

Ik ga nooit naar de kelder omdat het te donker is. – **Ich gehe nie in den Keller, weil es zu dunkel ist.**

's Avonds kijk ik series op Netflix. – **Abends sehe ich Serien auf Netflix.**

Ik ontbijt normaal gesproken tegen half acht. – **Ich frühstücke normalerweise gegen halb acht.**

Na school ga ik naar de tuin en ik ontspan me. – **Nach der Schule gehe ich in den Garten und ich entspanne mich.**

Als ik tijd heb, speel ik met mijn broer. – **Wenn ich Zeit habe, spiele ich mit meinem Bruder.**

Mijn lievelingskamer is mijn kamer, want het is groot en licht.

– **Mein Lieblingszimmer ist mein Zimmer, denn es ist groß und hell.**

Ik kijk soms een film in mijn kamer. – **Ich sehe manchmal einen Film in meinem Zimmer.**

1a. Vertaal de volgende woordgroepen (elk twee punten waard) naar het Duits

ik ga – **ich gehe / ich werde**

naar Duitsland – **nach Deutschland**

we gaan – **wir gehen / wir werden**

blijven – **bleiben**

Ik ga aan sport doen. – **Ich werde Sport machen.**

met mijn familie – **mit meiner Famlie**

reizen – **reisen**

in een hotel – **in einem Hotel**

Ik ga naar het strand. – **Ich gehe an den Strand.**

Dat wordt leuk! – **Das wird Spaß machen!**

1b. Vertaal de volgende zinnen (elk vijf punten waard) naar het Duits

We gaan souvenirs en kleren kopen. – **Wir werden Souvenirs und Kleidung/Klamotten kaufen.**

Ik zal een week in een hotel verblijven. – **Ich werde eine Woche in einem Hotel bleiben.**

We zullen daar drie weken verblijven en elke dag lekker eten eten.

– **Wir werden da drei Wochen bleiben und jeden Tag leckeres Essen essen.**

We gaan elke dag naar het strand en we gaan in de zon liggen.

– **Wir werden jeden Tag an den Strand gehen und wir werden in der Sonne liegen.**

Deze zomer ga ik met mijn familie naar Italië. – **Diesen Sommer fahre ich mit meiner Familie nach Italien.**

We gaan voor twee weken met het vliegtuig naar Spanje.

– **Wir fliegen für zwei Wochen mit dem Flugzeug nach Spanien.**

Ik zou graag aan sport doen, naar het strand gaan en dansen.

– **Ich würde gern Sport machen, an den Strand gehen und tanzen.**

We zullen drie weken in Oostenrijk blijven. We overnachten op een camping.

– **Wir werden drei Wochen in Österreich bleiben. Wir übernachten auf einem Campingplatz.**

We zullen in een luxe hotel verblijven en nieuwe mensen ontmoeten.

– **Wir werden in einem Luxushotel wohnen/bleiben und neue Leute treffen.**

Printed in Great Britain
by Amazon